하루 10분, 수진쌤의

왕초보
부동산 노트

하루 10분, 수진쌤의

[왕초보]
부동산 노트

이수진, 김미리 지음

REAL ESTATE NOTE

경매는 단순한 투자 기법이 아닙니다 ────

부동산 경매는 선택받은 사람만의 영역이 아니다

판단력과
실행력을 키우는
훈련서

인생을
바꾸는
준비 과정

누구도
뒤처지지 않는
교육

좋은땅

Prolog

안녕하세요, 수진쌤(이수진)입니다.

저는 인생이 완전히 무너진 자리에서 다시 시작했습니다.
남편의 외도, 코로나로 인한 사업 붕괴, 그리고 혼자 남겨진 아이들.
8개의 매장을 운영하던 사장에서 단 350만 원만 남은 싱글맘이 되었습니다.

그때 저는 선택해야 했습니다. 포기할 것인가, 다시 일어설 것인가.
저는 경매를 선택했습니다. 혼자 법원을 다니고, 혼자 현장을 뛰며,
몸으로 부딪히며 배웠습니다. 그리고 깨달았습니다.

경매는 단순히 돈을 버는 수단이 아니라,
인생을 다시 일으켜 세우는 도구라는 것을요.

지금은 20,000평 규모가 넘는 택지를 직접 개발하고, 100개 이상의 등기를 보유하며, LK인베스트먼트 대표이사로서 실전 부동산 투자를 이어 가고 있습니다.

내가 어떤 선생님이 되고 싶었는지
강의를 시작하면서, 저는 한 가지를 다짐했습니다.

"이론만 가르치는 선생님이 되지 말자. 수강생들의 인생을 진짜로 바꿔 주는 선생님이 되자."

저는 제가 겪었던 그 절박함을 압니다.

무너진 자리에서 혼자 일어서야 했던 외로움을.
누구도 도와주지 않을 때 느꼈던 두려움을.

그래서 저는 단순히 지식만 전달하는 것이 아니라,
수강생 한 분 한 분이 실제로 성공할 수 있도록 끝까지 함께하는 선생님이 되고 싶었습니다.

명도 현장에 직접 동행하고, 밤늦게까지 상담 전화를 받고,
포기하려는 분들에게 용기를 북돋아 주는 것. 이것이 제가 생각하는 진짜 교육입니다.

강의를 하면서 많은 분들이 경매 공부를 어려워하시는 모습을 보았습니다.
등기부등본, 권리분석, 배당절차…
복잡한 용어와 법률 개념들 때문에 막막해하시는 분들이 많았습니다.

그래서 생각했습니다.

"경매를 할 때 꼭 알아야 하는 핵심만 정리하고,
배운 내용을 실제로 풀어 볼 수 있는 문제집이 있다면 어떨까?"

이 문제집은 그렇게 탄생했습니다.
경매의 기초부터 실전까지, 꼭 필요한 핵심 개념들을 체계적으로 정리했습니다.

그리고 단순히 읽고 외우는 것이 아니라,
직접 문제를 풀어 보면서 내 것으로 만들 수 있도록 구성했습니다.

이론을 배우고, 문제를 풀고, 실전에 적용하는 과정. 이것이 진짜 실력을 만듭니다.
이 문제집이 여러분의 경매 공부에 든든한 동반자가 되어 드리길 바랍니다.

저처럼, 당신도 다시 시작할 수 있습니다.

여러분의 성장을 진심으로 응원합니다.

부자사관학교 소개

부자사관학교는

"부동산 경매는 선택받은 사람만의 영역이 아니다"라는 믿음에서 출발했습니다.

누구나 배울 수 있고, 누구나 시도할 수 있으며, 올바른 교육과 실전 경험이 더해진다면

누구나 자신의 삶을 바꿀 수 있다는 확신을 바탕으로 만들어진 교육기관입니다.

경매는 단순한 투자 기법이 아닙니다.

법률, 금융, 현장 판단력, 실행력까지 종합적으로 요구되는 분야입니다.

하지만 방향만 정확히 잡으면 어느 누구보다 빠르게 성장할 수 있는 길이 또한 경매입니다.

부자사관학교는 그 길을 가장 짧고 명확하게 안내하는 학교를 목표로 합니다.

1. 부자사관학교가 존재하는 이유

많은 분들이 경매를 어렵고 두렵게 느낍니다.

정보의 양은 많고, 용어는 낯설며, 실전은 더욱 복잡하기 때문입니다.

이러한 현실 속에서 부자사관학교는 수강생들이 겪는 막막함을 정확히 해결하고,

실전에서 바로 활용할 수 있는 지식과 경험을 전달하는 것을

가장 중요한 가치로 삼아 왔습니다.

수업은 이론에 머물지 않습니다.

현장 중심의 임장, 실제 사례 기반의 분석, 명도와 소송까지 이어지는

전 과정의 흐름을 체계적으로 정리해 '현장에서 바로 사용할 수 있는 교육'을 제공합니다.

부자사관학교는 여러분이 혼자서는 절대 갈 수 없는 곳을 함께 도달하게 하는 곳입니다.

그리고 그 과정의 모든 중심에는 "실행하는 사람"이 있습니다.

2. 문제집 제작의 목적

본 경매 문제집은 수강생들이 가장 많이 겪는 어려움인
"무엇부터, 어떻게 공부해야 하는가?"를 해결하기 위해 제작되었습니다.

경매는 단순 암기가 아니라,
상황 판단 → 분석 → 선택 → 실행의 흐름 전체를 이해해야 비로소 실력이 갖추어집니다.
이에 따라 본 문제집은 실전에서 마주치는 상황들을 문제 형식으로 재구성하여
'문제를 푸는 과정 자체가 실전 연습이 되도록' 설계하였습니다.

한 문제를 풀면서 자연스럽게 용어가 익혀지고,
문항 속 조건을 분석하며 눈이 트이고,
해설을 통해 실제 현장에서의 판단 기준을 체화하게 됩니다.

이 문제집은 단순한 학습 자료가 아닙니다.
실전형 투자자로 성장하기 위한 필수 도구이며,
여러분의 판단력과 실행력을 키우는 훈련서입니다.

3. 수강생 한 사람 한 사람을 향한 진심

부자사관학교는 수강생을 '고객'으로 대하지 않습니다.
여러분을 함께 성장하는 동료이자, 미래를 함께 만들어 가는 투자자라고 생각합니다.

강의를 진행하면서, 임장에서, 상담을 하면서 저는 매기수마다 느낍니다.
"정말 많은 분들이 변화할 준비가 되어 있다"는 것을.

그래서 부자사관학교는 매 순간 최선을 다합니다.
여러분의 시간이 헛되지 않도록,
여러분이 포기하지 않도록,
그리고 반드시 '결과가 있는 실전 투자자'로 성장하도록.

누구보다 진심으로 가르치고,
누구보다 가까이에서 응원하며,
누구보다 여러분의 성공을 바라고 있습니다.

4. 여러분의 변화는 이미 시작되었습니다

문제집을 펴는 이 순간부터 여러분의 공부는 단순한 지식 습득을 넘어
"인생을 바꾸는 준비 과정"으로 전환됩니다.
경매는 단번에 결과가 나타나는 공부가 아닙니다.

하지만 분명한 것은,
포기하지 않는 사람은 반드시 성장한다는 사실입니다.

문제 하나하나를 풀어 가는 과정 속에서
여러분의 눈은 더 날카롭게 변할 것이고, 판단력은 더 정교해질 것이며,

어느 순간 실제 물건을 분석하는 자신의 모습에 스스로 놀라게 될 것입니다.
부자사관학교는 여러분이 그 지점에 도달하는 순간까지
책임감을 가지고 함께하겠습니다.

5. 부자사관학교의 약속

실전 중심의 교육으로 안내하겠습니다.
현장에서 통하는 지식만 전달하겠습니다.

여러분의 성장 속도에 끝까지 함께하겠습니다.
질문을 환영하며, 성장을 돕는 시스템을 멈추지 않겠습니다.

누구도 뒤처지지 않는 교육을 만들겠습니다.
처음 시작한 분도, 다시 도전하는 분도, 모두가 성장할 수 있도록 돕겠습니다.

수강생의 성공을 학교의 자부심으로 삼겠습니다.
한 사람의 변화가 다음 사람의 용기가 됩니다.

본 문제집은 단순한 학습 자료가 아니라 여러분의 새로운 인생을 여는 첫걸음입니다.
여러분이 지금 무엇을 준비하고 있고, 어떤 삶을 꿈꾸고 있는지
부자사관학교는 알고 있습니다.
그리고 그 꿈이 결코 멀지 않았다는 것을 누구보다 잘 알고 있습니다.

여러분이 포기하지 않는 한, 부자사관학교는 끝까지 함께하겠습니다.
여러분의 미래를 응원하며, 여러분의 성장을 약속드립니다.

부자의 길은 결코 멀지 않습니다.
이제, 함께 나아가겠습니다.

부자사관학교 드림

부자사관학교 강사 소개

부자사관학교 대표 강사 이 수 진

주요 이력 및 경력

자영업 협회 부동산 총괄

LK인베스트먼트 대표이사

등기 100개 이상 보유

20,000평 규모 택지 모델 주택 개발/시행

부동산 실전 투자 강의

토지 투자 및 컨설팅 분양 전문가

소액물건으로 시드머니 만들기 교육

협상 전략 및 실전 명도 지도

그 외 부자사관학교 협업 강의

전자소송/지분 강의

부자사관학교 대표 강사 이 경 환

주요 이력 및 경력

LK인베스트먼트 부대표

자영업 10년 차 운영 중

주거용 아파트/빌라 투자 전문

매매사업자 단기투자 30회 이상

경매기초강의 강사

매매사업자 전문강사

대출강의 전문 강사

실전 부동산경매 투자강의

부동산하기 위한 파이프라인 구축강의

(빌라/아파트/상가/투자 강의 운영)

그 외 부자사관학교 협업 강의

9장. 실패하지 않는 초보자 전략

10장. 성공 투자로 가는 길-수진쌤의 한마디

1장. 부동산 기초 이해

1-1 부동산이란 무엇인가?(토지 + 건물)

부동산(不動産)이란 움직일 수 없는 재산을 뜻하며,
일반적으로 토지(土地)와 그 위에 세워진 건물(建物)을 말한다.
즉, 땅 + 건물 = 부동산

반대로 자동차나 가구처럼 옮길 수 있는 것은 동산(動産)이다.
예시: 내가 소유한 아파트는 부동산이고, 그 안의 가전제품은 동산이다.

1-2 부동산의 종류(아파트, 상가, 토지 등)

1) 주거용 부동산

- 주거용 부동산이란? 사람이 거주하는 곳을 뜻한다.
  예를 들어 아파트, 빌라, 단독주택 등 사람이 거주하는
  곳을 주거용 부동산이라 한다.

2) 상업용 부동산

- 상업용 부동산이란? 돈을 벌기 위해 사용하는 곳을 뜻한다.
  예를 들어 상가, 오피스, 카페, 공장 등 돈을 벌기 위해
  사용하는 곳을 상업용 부동산이라 한다.

3) 토지

- 토지란? 건물이 없는 땅(대지, 농지, 임야 등으로 구분할
  수 있다.)

4) 그 외에 공장, 창고, 숙박시설 등으로 구분 지을 수 있다

초보자 Tip

초보자는 주거용 → 상업용 → 토지형 순으로 접근하는 것이 이해하기 쉽다.

1-3 매매 · 임대 기본 개념

매매와 임대의 개념을 정리해 보자.

매매란?

소유권을 사고파는 거래를 뜻한다.

예시: A가 B에게 아파트를 5억 원에 판다 → 소유권이 이전됨

임대란?

일정 기간 사용권을 빌려주는 거래를 뜻한다.

예시: 임대인(집주인)은 돈(보증금 · 월세)을 받고
　　 임차인(세입자)은 공간을 사용하는 형태

즉 정리하자면!

"매매는 주인이 바뀌는 것", "임대는 잠시 빌려 쓰는 것"이다.

1-4 부동산 시장이 움직이는 원리

부동산 가격은 수요와 공급의 영향을 받는다.

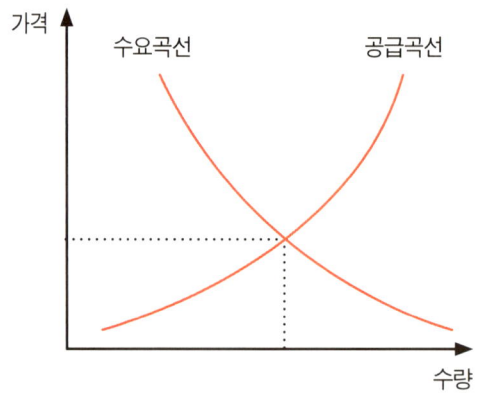

수요↑ → 가격 상승(사려는 사람이 많을수록)

공급↑ → 가격 하락(새로 짓는 집이 많을수록)

여기에 금리, 세금, 정부 정책, 인프라 개발 등이 큰 영향을 미친다.

예시: 금리가 오르면 대출이 부담되어 수요가 줄고, 집값은 하락하는 경향이 있다.

즉, 사고 싶은 사람이 많고 팔려는 집이 적으면 가격이 오르고,

반대로 팔려는 집이 많고 사려는 사람이 적으면 가격이 떨어지게 된다.

예시: 신도시가 생기고 교통이 좋아지면 사람들이 몰려들어 수요가 늘어나고,
　　　그 지역의 부동산 가격은 자연스럽게 올라간다.

1-5 시세 파악의 중요성

시세란?

현재 시장에서 거래되는 '실제 가격'을 말한다.

경매, 공매, 매매, 임대… 어떤 형태든 시세를 기준으로 판단해야 한다.

"얼마가 싸고 비싼가?"는 결국 시세를 얼마나 잘 아느냐에 달려 있다.

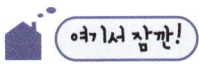

초보자 Tip

- 네이버부동산, 호갱노노, 국토부 실거래가 공개시스템, 아실, 디스코, 땅야 등
  부동산 플랫폼을 활용하자.

- 주변 단지의 최근 거래가를 비교하는 습관을 들이자.

네이버부동산 예시

호갱노노 예시

국토부 실거래가 공개시스템 예시

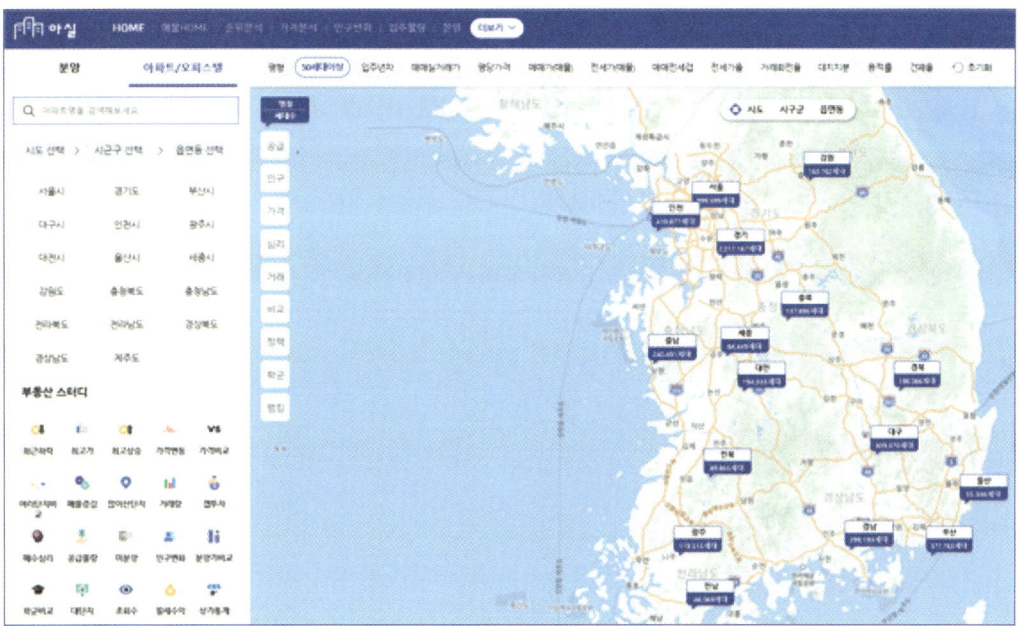

아실 예시

디스코 예시

① 부동산은 (　　　)와 (　　　)로 구성된다.

② 자동차, 가전제품 등 옮길 수 있는 재산은 (　　　)이라고 한다.

③ 매매는 소유권이 (　　　)되는 거래이고, 임대는 (　　　)을 사용하는 거래이다.

④ 부동산 가격은 (　　　)과 (　　　)의 법칙에 따라 움직인다.

⑤ 투자자는 항상 (　　　)를 기준으로 매수 여부를 판단해야 한다.

☑ 정답
① 토지/건물 ② 동산 ③ 이전/사용권 ④ 공급/수요 ⑤ 시세

수진쌤의 소곤소곤 <부동산 투자, 왜 책만 읽고 공부만 할까?>

사실…
수업하면서 가장 많이 듣는 말이 있어요.

"쌤, 공부만 하다가 또 한 달이 지났어요."
"이번에도 물건은 봤는데… 입찰은 못 했어요."

저는 그 마음을 너무 잘 알아요.
책으로만 보면 리스크도 없고, 상처도 없고, 실패도 없는 깨끗한 세상이잖아요.
하지만 실전으로 한 발 나가면, 처음엔 모르는 게 너무 많고, 뭔가 잘못될까 봐 괜히 겁나고,
주변에서 "괜히 하지 마라" 하면 또 마음이 흔들리죠.

그런데요, 진짜 아이러니한 건…
책만 읽으면 절대 다음 단계가 안 열린다는 거예요.
경매도, 입지도, 협상도 손을 움직여 봐야 처음 감이 와요.

물건을 한 번이라도 임장해 본 사람과
책으로만 공부한 사람의 다음 한 달은 아예 다른 길로 흘러가요.

임장을 한 번 가 본 사람은 그다음엔 두 번째가 훨씬 쉬워요.
입찰장을 한 번 가 본 사람은 두 번째 입찰은 너무 당연해져요.

저는 수많은 수강생이
"쌤, 드디어 첫 낙찰했어요!"라고 말하던 그 순간을 잊지 못해요.

그들의 공통점은 단 하나였어요.
책을 덮고 밖으로 나갔다는 것.

그래서 오늘 이걸 꼭 말하고 싶어요.
"지금 배우고 있는 당신은 이미 반 이상 왔다고."

남은 건 아주 작은 용기 한 스푼이에요.
책으로 시작하되, 실전에서 완성하세요.
그게 진짜 부동산 투자자의 길이에요.

— 수진쌤이 살짝 소곤소곤

1. 다음 중 부동산이 의미하는 것은?

① 건물만을 의미한다.

② 토지와 건물처럼 움직일 수 없는 재산을 의미한다.

③ 가구나 자동차처럼 이동 가능한 재산을 의미한다.

④ 회사 자산 전체를 의미한다.

⑤ 모든 유형 자산을 뜻한다.

2. 다음 중 '부동산'에 해당하지 않는 것은?

① 아파트　　　　② 토지

③ 상가　　　　　④ 자동차

⑤ 창고

3. '동산(動産)'의 예로 옳은 것은?

① 논　　　　　　② 오피스텔

③ 자동차　　　　④ 건물

⑤ 임야

4. 부동산의 구성 요소로 옳은 것은?

① 토지와 건물　　② 토지와 임차권

③ 건물과 전세금　④ 가전과 가구

⑤ 주택과 자동차

5. 다음 중 주거용 부동산에 해당하는 것은?

① 공장　　　　　② 창고

③ 아파트　　　　④ 상가

⑤ 호텔

6. 상업용 부동산의 대표적인 예는?

① 단독주택　　　② 오피스텔

③ 논　　　　　　④ 임야

⑤ 창고

7. 토지형 부동산의 예로 옳은 것은?

① 빌라   ② 오피스텔

③ 농지   ④ 상가건물

⑤ 호텔

8. 다음 중 옳은 설명은?

① 매매는 사용권을 주는 것이다.

② 임대는 소유권이 이전되는 거래이다.

③ 매매는 소유권이 이전되는 거래이다.

④ 임대는 소유권을 사고파는 것이다.

⑤ 매매와 임대는 같은 의미이다.

9. '임대인'이 의미하는 것은?

① 돈을 빌린 사람

② 집을 빌려 쓰는 사람

③ 집을 빌려주는 사람

④ 부동산 중개업자

⑤ 대출 심사자

10. 매매와 임대의 차이에 대한 설명으로 옳은 것은?

① 매매는 임시 사용, 임대는 소유권 이전이다.

② 매매는 소유권 이전, 임대는 일정 기간 사용이다.

③ 매매와 임대는 동일한 의미이다.

④ 임대는 세금이 붙지 않는다.

⑤ 임대는 소유권이 자동으로 이전된다.

11. 부동산 시장의 가격이 결정되는 요인은?

① 수요와 공급   ② 정부 인력

③ 세입자 수   ④ 거래소 수수료

⑤ 은행 정책

12. 수요가 늘어나면 일반적으로 부동산 가격은?

① 하락   ② 상승

③ 유지   ④ 급락

⑤ 영향 없음

13. 공급이 늘어나면 일반적으로 부동산 가격은?

① 상승 ② 유지

③ 하락 ④ 폭등

⑤ 변동 없음

16. 다음 중 '시세'의 정의로 가장 알맞은 것은?

① 정부가 정한 공시가격

② 감정평가 금액

③ 실제 시장에서 거래되는 가격

④ 세금 계산을 위한 기준가격

⑤ 은행 담보가액

14. 금리가 올랐을 때 부동산 시장에 미치는 영향은?

① 수요가 증가한다.

② 거래량이 폭등한다.

③ 대출 부담이 늘어 수요가 줄어든다.

④ 시세가 상승한다.

⑤ 영향이 없다.

17. 시세를 파악해야 하는 이유로 옳은 것은?

① 건물 구조를 알기 위해서

② 실제 거래 기준으로 판단하기 위해

③ 세금을 절약하기 위해

④ 대출 한도를 늘리기 위해

⑤ 중개수수료를 줄이기 위해

15. 부동산 시장에 영향을 주는 요인이 아닌 것은?

① 수요와 공급 ② 금리

③ 정부 정책 ④ 날씨 예보

⑤ 세금

18. 부동산 가격 상승 요인으로 옳은 것은?

① 공급 증가 ② 금리 인상

③ 규제 강화 ④ 수요 증가

⑤ 거래 감소

19. 정부가 주택 공급을 늘리면 시장에 나타날 가능성이 높은 현상은?
① 가격 상승
② 가격 하락
③ 수요 증가
④ 대출 확대
⑤ 거래 제한

22. 부동산을 빌려주고 월세를 받는 수익 형태는?
① 매매차익
② 임대수익
③ 개발이익
④ 투자차익
⑤ 전매이익

20. 다음 중 부동산 시장에 대한 설명으로 옳은 것은?
① 수요와 공급은 별개이다.
② 공급이 줄면 가격은 하락한다.
③ 수요가 늘면 가격은 상승한다.
④ 금리가 오르면 수요는 늘어난다.
⑤ 세금이 줄면 거래가 감소한다.

23. 도로, 지하철, 학군, 일자리 등 입지 요소와 가장 관련이 깊은 것은?
① 세금 계산
② 수익률 계산
③ 부동산 가치 형성
④ 계약 절차
⑤ 건축 자재

21. 김 씨는 아파트를 4억 원에 샀다가 5억 원에 팔았다. 이 경우 수익의 형태는?
① 임대수익
② 매매차익
③ 개발이익
④ 배당이익
⑤ 대출이익

24. '좋은 입지'의 일반적인 조건이 아닌 것은?
① 교통이 편리하다.
② 학군이 좋다.
③ 상권이 발달되어 있다.
④ 일자리가 가깝다.
⑤ 접근성이 떨어진다.

25. 부동산 공부의 첫 단계로 가장 알맞은 것은?

① 등기부등본 열람

② 시세 파악과 개념 이해

③ 입찰 준비

④ 세금 신고

⑤ 건축법 분석

26. "부동산은 움직이지 않는 재산이다"라는 말이 강조하는 것은?

① 가격 변동이 없다.

② 토지와 건물의 물리적 특성을 강조한다.

③ 거래가 불가능하다.

④ 국가가 통제한다.

⑤ 건물이 낡지 않는다.

27. 부동산 거래 시 기본적으로 필요한 것은?

① 등기부등본과 시세 조사

② 회사등록증

③ 투자설명서

④ 중개사 추천서

⑤ 부동산 앱

28. 다음 중 시세 조사에 활용할 수 없는 것은?

① 네이버부동산   ② 호갱노노

③ 아실   ④ 국토부 실거래가

⑤ 기상청 홈페이지

29. 초보자가 부동산을 배울 때 가장 먼저 익혀야 할 것은?

① 시세 파악 능력

② 세무신고 절차

③ 건축물 대장 작성법

④ 대출 심사 기준

⑤ 재건축 단계 분석

30. 부동산 투자에서 '기준점' 역할을 하는 것은?

① 감정가   ② 시세

③ 공시가격   ④ 호가

⑤ 세금

2장. 부동산과 돈의 흐름

 핵심 정리 코너

2-1 부동산으로 돈 버는 3가지 방식(매매차익, 임대수익, 개발이익)

부동산 투자에서 돈을 버는 구조는 크게 세 가지로 나뉜다.

1) 매매차익(Capital Gain)

매매차익이란?

부동산을 싸게 사서 비싸게 파는 방식이다.

예를 들어 3억 원에 산 아파트를 4억 원에 팔면 1억 원의 차익이 생긴다.

** 시장 흐름, 입지 변화, 개발계획 등을 잘 읽는 것이 핵심이다.

2) 임대수익(Rental Income)

임대수익이란?

부동산을 보유한 채로 세입자에게 임대하고,

매달 월세나 보증금을 통해 수익을 얻는 방식이다.

** 안정적 현금흐름을 만들 수 있지만 공실, 관리비, 세금 등 비용도 함께 고려해야 한다.

3) 개발이익(Development Profit)

개발이익이란?

단순 보유가 아닌 '가치를 높여서' 파는 방식이다.

예를 들어 낡은 건물을 리모델링하거나, 토지를 분할·용도 변경하여

가치 상승을 만들어 내는 것.

** 초기 자본과 인허가 이해도가 필요하지만 수익 폭이 크다.

2-2 이자, 세금, 관리비 같은 비용 구조

수익을 계산할 때는 '들어오는 돈'뿐 아니라 '나가는 돈'도 반드시 고려해야 한다.
대표적인 비용은 다음과 같다.

이자 비용
▶ 대출을 활용했다면 원금과 이자를 상환해야 한다.

세금
▶ 취득세 재산세, 양도세, 종부세 등 각단계마다 세금이 다르다.

관리비 및 유지비
▶ 임대 중인 경우 공용관리비, 수선비 등이 지속 발생한다.
　중개수수료, 법무 비용 등 거래비용: 사고팔 때 드는 부대비용이다.

이러한 비용을 감안하지 않으면, 겉보기엔 이익 같아 보여도 실제 손해일 수 있다.

2-3 대출(레버리지) 개념 쉽게 이해하기

'레버리지(Leverage)'란?
지렛대 효과처럼 남의 돈을 빌려 투자 수익을 키우는 것이다.

예를 들어 1억 원 자본으로 3억 원짜리 건물을 사고, 2억 원은 대출로 충당했다면,
실제 투자금 대비 수익률이 높아질 수 있다.
하지만 대출이자 부담이 커지면 손실도 그만큼 커진다.

즉, 잘 쓰면 성장의 가속기, 잘못 쓰면 파산의 지름길이 된다.

2-4 수익률 계산 기초

수익률이란?

투자 성과를 평가하는 기준이다.

기본 계산식은 다음과 같다.

수익률(%) = (순이익 ÷ 투자금) × 100

예를 들어 1억 원 투자 후 1년 동안 1,000만 원의 순이익을 얻었다면
수익률은 10%가 된다.

** 순이익 계산 시에는 반드시 이자, 세금, 관리비 등의 비용을 제외해야 한다.

2-5 실패하는 투자 패턴

다음과 같은 습관은 **부동산 투자 실패**로 이어질 가능성이 높다.

첫 번째, 수익보다 '대박'을 노리고 무리하게 대출받는 경우
두 번째, 이자 · 세금 등 비용 계산 없이 단순 시세차익만 기대하는 경우
세 번째, 입지보다 감정적인 선택("여기 느낌이 좋아서")을 하는 경우
네 번째, 유행만 따라가고 본인 분석이 없는 경우
다섯 번째, 매도 타이밍을 놓쳐 자금이 묶이는 경우

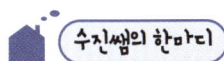 수진쌤의 한마디

부동산은 "돈의 흐름을 읽는 게임"입니다.
돈이 어디서 들어오고, 어디로 나가는지 구조를 이해해야 진짜 투자자가 됩니다.

① 부동산 수익 구조는 (   ), (   ), (   ) 세 가지로 나뉜다.

② 부동산 투자에서 대출을 활용해 수익률을 높이는 효과를 (   )라고 한다.

③ 수익률은 (순이익 ÷ (   )) × 100으로 계산한다.

④ 임대 수익을 얻는 과정에서 고려해야 할 대표적 비용에는 이자, 세금, (   )가 있다.

⑤ '감정적 선택'이나 '무리한 대출'은 대표적인 (   ) 투자 패턴이다.

☑ 정답
① 매매차익/임대수익/개발이익 ② 레버리지 ③ 투자금 ④ 관리비 ⑤ 실패하는

수진쌤의 소곤소곤 <부동산 투자 시 고려해야 할 부분>

부동산은요,
겉으로 보면 '집 하나 사는 일' 같지만 실제로는 내 삶 전체를 움직이는 선택이에요.
그래서 저는 늘 이렇게 말해요.
"투자 금액보다 더 중요한 건, 그 선택을 하는 당신의 기준이에요."

많은 초보 투자자들이 수익률, 호재, 가격 상승 같은 숫자에 먼저 눈이 가요.
물론 중요하죠. 하지만 그보다 먼저 생각해야 하는 게 있어요.
예를 들어, 어떤 수강생은 '고수익'만 보고 지방 깡촌 빌라에 입찰하려 했어요.
입지는 불편하고, 세입자 리스크는 큰 물건이었죠. 제가 조용히 물어봤어요.

"혹시 이 물건, 본인이 사서 살아도 괜찮겠어요?"

그 순간, 수강생의 표정이 확 바뀌었어요.
그 물건은 본인의 기준과 완전히 어긋났던 거예요.

부동산 투자는 내가 감당할 수 있는 수준 + 현실적인 목표 + 꾸준한 실행
이 세 가지가 만날 때 비로소 힘을 발휘해요.

- ✔ 내 자본에서 무리 없는 물건인지
- ✔ 최악의 상황이 왔을 때도 버틸 수 있는지
- ✔ 내 생활패턴과 투자 방식이 맞는지
- ✔ 입지, 교통, 인프라가 시간이 지날수록 좋아질지
- ✔ 임차인, 세금, 유지비까지 모두 계산 가능할지

이런 질문들이 모여 당신만의 '투자 기준'을 만들어요.

저 수진쌤이 늘 말하죠.

"투자는 남 따라 하는 게 아니라, 살아남을 수 있는 방식으로 해야 한다"고.
투자는 절대 '운'으로 가는 길이 아니에요.

작은 기준 하나가 당신을 위험에서 지켜 주고,
또 다른 기준 하나가 당신의 수익을 키워 줘요.
그러니까 조급해할 필요도 없고, 불필요하게 겁낼 이유도 없어요.

당신만의 기준을 하나씩 만들어 가면
그 기준이 결국 당신을 부자로 끌고 가는 지도가 될 거예요.

― 수진쌤의 조용한 소곤소곤

1. 부동산 투자에서 돈을 버는 구조가 아닌 것은?

① 매매차익

② 임대수익

③ 개발이익

④ 대출상환

⑤ 분양권 수익

2. 싸게 산 부동산을 비싸게 팔아 차익을 얻는 방식은?

① 임대수익

② 매매차익

③ 개발이익

④ 공시가 상승

⑤ 수익률 투자

3. 임대수익을 얻는 투자 방식의 특징은?

① 매달 일정한 현금흐름이 발생한다.

② 단기 차익을 노린다.

③ 소유권이 이전된다.

④ 반드시 개발이 필요하다.

⑤ 대출을 활용할 수 없다.

4. 건물을 리모델링하거나 토지 분할 후 가치 상승을 통해 수익을 얻는 방식은?

① 매매차익

② 임대수익

③ 개발이익

④ 분양수익

⑤ 단기투자

5. 투자 시 비용 계산에 포함되지 않는 항목은?

① 세금

② 이자

③ 관리비

④ 광고비

⑤ 중개수수료

6. 부동산 투자에서 '레버리지'란?

① 자기자본만 투자하는 방식

② 남의 돈을 빌려 투자 수익을 높이는 방식

③ 세금을 줄이는 전략

④ 임대료를 높이는 기술

⑤ 매매차익만을 노리는 전략

7. 레버리지를 과도하게 사용할 경우 생길 수 있는 문제는?
① 투자 수익률 상승
② 세금 절감
③ 손실 확대
④ 관리비 절감
⑤ 안정적 현금흐름 확보

8. 수익률 계산식으로 옳은 것은?
① (총수입 ÷ 투자금) × 100
② (순이익 ÷ 투자금) × 100
③ (이자 ÷ 총자산) × 100
④ (총비용 ÷ 수익) × 100
⑤ (매출 ÷ 투자금) × 100

9. 임대수익 투자에서 고려해야 할 비용이 아닌 것은?
① 이자
② 세금
③ 관리비
④ 취득세
⑤ 예상매출

10. 부동산 투자 실패 원인으로 알맞지 않은 것은?
① 무리한 대출
② 감정적 선택
③ 입지 분석 부족
④ 세금 계획 수립
⑤ 유행만 따르는 투자

11. 매매차익을 노리는 투자자에게 가장 중요한 것은?
① 현금흐름
② 공실률
③ 시세 상승
④ 관리비
⑤ 세금 납부

12. 임대수익형 투자에서 가장 큰 위험 요소는?
① 공실 발생
② 시세차익
③ 개발이익
④ 단기매매
⑤ 광고비

13. 개발이익을 노리는 투자에서 필요한 것은?

① 감정적 선택

② 입지 분석과 인허가 이해

③ 대출 무관

④ 공실률 증가

⑤ 세금 회피

14. 부동산 투자에서 돈의 흐름을 정확히 이해해야 하는 이유는?

① 세금 신고를 위해서

② 공시지가 확인을 위해서

③ 시세만 파악하기 위해서

④ 광고 효과 측정을 위해서

⑤ 자금이 들어오고 나가는 구조를 알기 위해서

15. 투자 수익률 10%가 의미하는 것은?

① 총매출 10% 증가

② 투자금 대비 순이익 10%

③ 세금 10%

④ 공실률 10%

⑤ 대출금 10%

16. 부동산 투자에서 비용을 고려하지 않으면 생기는 문제는?

① 세금 절감

② 착시 수익

③ 수익률 증가

④ 공실률 감소

⑤ 자산 증가

17. 임대수익을 안정적으로 유지하기 위해 필요한 조치는?

① 대출 최소화

② 단기차익 극대화

③ 공실 관리

④ 광고비 증가

⑤ 감정적 선택

18. 레버리지 활용의 장점은?

① 자기자본 대비 높은 수익률

② 무조건 손실 감소

③ 비용 감소

④ 세금 면제

⑤ 공실률 감소

19. 무리한 대출을 사용하면 발생하는 문제는?

① 투자 수익 증가

② 공실률 감소

③ 관리비 감소

④ 세금 절감

⑤ 자금 경색

20. 개발이익형 투자에서 수익 폭이 큰 이유는?

① 임대료가 높아서

② 건물이나 토지 가치가 상승해서

③ 단기매매라서

④ 세금 감면이 많아서

⑤ 공실이 적어서

21. 투자자가 감정적 선택을 피하기 위해 해야 하는 것은?

① 주변 사람 의견만 따른다.

② 데이터와 입지 분석 기반으로 판단한다.

③ 광고를 보고 결정한다.

④ SNS 반응을 따른다.

⑤ 감에 의존한다.

22. 투자 비용 구조에서 포함되는 항목은?

① 이자, 세금, 관리비

② 시세, 광고, 공실

③ 감정, 디자인, 트렌드

④ 매출, 공시가, 시세

⑤ 단기차익, 개발이익, 임대수익

23. 임대수익형 투자의 목적은?

① 매매차익

② 단기차익 극대화

③ 개발이익 추구

④ 세금 회피

⑤ 안정적 현금흐름 확보

24. 매매차익형 투자에 가장 적합한 시장 상황은?

① 가격 하락기

② 가격 상승기

③ 금리 상승기

④ 공실 증가기

⑤ 경기 침체기

25. 부동산 투자에서 거래비용에 포함되는 항목은?

① 세금, 공실, 관리비
② 중개수수료, 법무비용
③ 대출이자, 세금
④ 광고비, 공실
⑤ 단기차익, 수익률

26. 자기자본 1억 원, 대출 2억 원으로 3억 원 건물을 매입했을 때 레버리지 효과가 크다는 의미는?

① 관리비 감소
② 세금 절감
③ 손실 감소
④ 공실률 감소
⑤ 자기자본 수익률 상승

27. 투자 실패 원인으로 적절하지 않은 것은?

① 무리한 대출
② 감정적 선택
③ 입지 분석 부족
④ 비용 계산 철저
⑤ 유행만 따름

28. 수익률 계산 시 반드시 포함시켜야 하는 항목은?

① 총매출
② 순이익
③ 공시지가
④ 광고비
⑤ 디자인 비용

29. 임대수익형 투자에서 공실이 많으면 생기는 문제는?

① 현금흐름 악화
② 세금 증가
③ 수익률 상승
④ 투자금 감소
⑤ 레버리지 효과 증가

30. 부동산 투자에서 '돈의 흐름'을 이해했다는 의미는?

① 감에 의존해 투자한다.
② 시세만 안다.
③ 광고를 보면 판단한다.
④ 수입·비용·현금흐름 전체를 분석할 수 있다.
⑤ 단기차익만 노린다.

제3장. 입지 분석의 기본

 핵심 정리 코너

3-1 입지란 무엇인가?

입지(Location)란?

부동산이 위치한 공간적 환경과 그 주변 요소들을 의미한다.

즉, 단순히 '어디에 있다'라는 위치가 아니라,

생활 편의성, 개발 잠재력, 수익 가능성 등 투자와 직결되는 요소를 모두 포함한다.

좋은 입지는 가치가 상승할 가능성이 높고,

나쁜 입지는 가격 상승이 제한적이거나 관리 · 임대에 불리하다.

3-2 좋은 입지를 판단하는 3대 기준

생활 인프라: 생활 편의성을 좌우하는 요소

교통	학군	상권
(지하철역, 버스정류장, 도로망)	(초 · 중 · 고, 학원가)	(마트, 병원, 카페, 공원 등)

→ 실거주자에게 '살기 좋은 곳'은 곧 '수요가 꾸준한 곳'이다.

1) 일자리 접근성

일자리 접근성은 수요의 근본 원인이다.

사람들이 집을 구하는 가장 큰 이유는 "출퇴근 거리"의 비중이 높다.

직장이 몰린 지역(도심, 산업단지, 오피스 밀집지) 근처의 집일수록 공실이 적고 가격이 안정적이다.

2) 미래가치(개발계획)

미래가치(개발계획)는 앞으로의 성장성을 바라볼 수 있다.

교통 호재(지하철 신설, 고속도로, GTX 등)

도시계획(신도시, 산업단지, 대학 이전 등)

재개발 · 재건축 추진 여부

→ "지금은 조용하지만, 3~5년 후에 달라질 곳"을 찾아야 한다.

3-3 좋은 입지 vs 나쁜 입지 사례

좋은 입지란?

지하철역 5분 거리, 학교와 편의시설 근접, 상권 활성, 직장 인근

나쁜 입지란?

교통 불편, 학교·상권 멀리, 침체된 지역, 개발 가능성 낮음

핵심(核心)

단순히 '비싸다/싸다'로 판단하지 말고, 장기적 수익성과 수요 가능성을 함께 평가해야 한다.

3-4 지도와 앱을 활용한 입지 분석

1) 지도 보기

네이버지도, 카카오맵, 국토부 토지이용계획확인서 활용하여

도보·차량 접근성, 주변 시설, 상권 범위 확인

2) 부동산 앱 활용

호갱노노, 아실, 리치고 등에서 실거래가, 시세, 학군 정보, 상권 정보 등 확인

3) 현장 조사

직접 가서 교통, 주변 분위기, 상권, 학군, 소음 등을 확인

눈으로 직접 보고, 사진·메모 기록 → 데이터와 실제 체감 비교

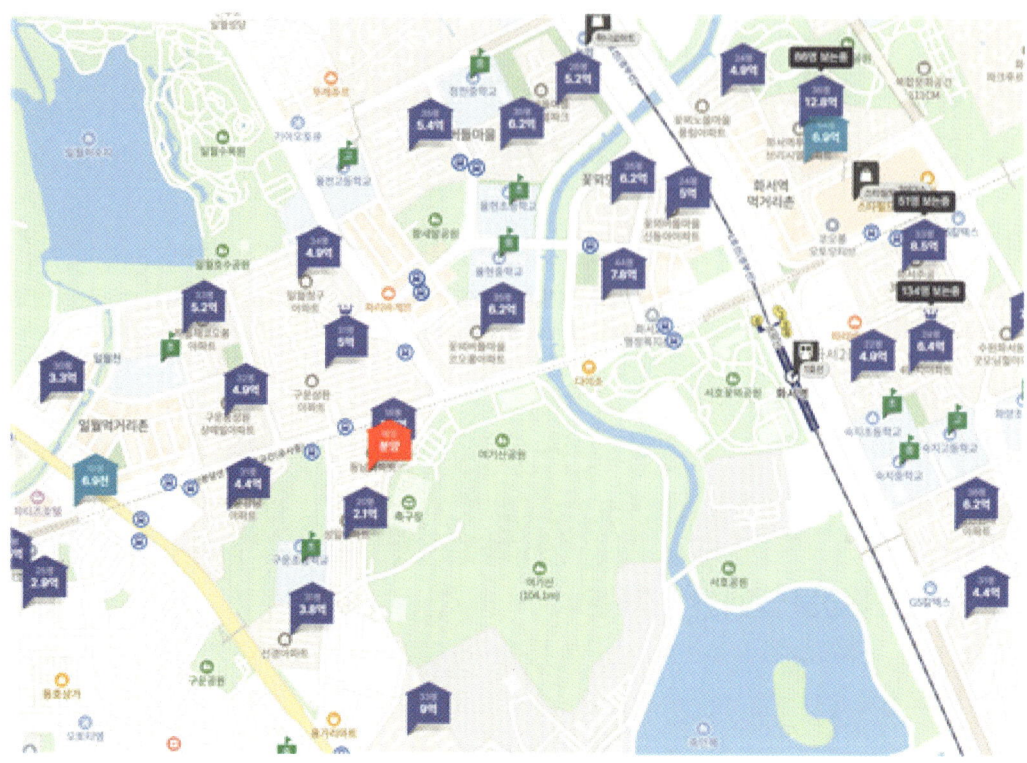

호갱노노(https://hogangnono.com) 예시

아실(https://asil.kr/asil/index.jsp) 예시

3-5 초보자가 놓치기 쉬운 포인트

역세권이라도 출구 위치나 도보 시간 확인 안 함

주변 상권 활성도나 상가 공실률 확인 미흡

학군은 단순 학교 이름만 보고 판단

교통망 확대 계획, 도시개발계획 같은 미래 가치 요소 무시

지도상 정보만 믿고 현장 분위기 · 도로 상태 확인 안 함

핵심(核心)
데이터 + 현장 + 미래 계획 3가지를 함께 보는 습관이 필요하다.

확인 문제 ··

① 입지란 부동산이 위치한 (   )와 주변 환경을 의미한다.

② 입지 평가의 4대 핵심 요소는 (   ), (   ), (   ), (   )이다.

③ 좋은 입지는 장기적 (   ) 가능성이 높다.

④ 초보자가 놓치기 쉬운 포인트 중 하나는 (   )만 보고 판단하는 것이다.

⑤ 입지 분석 시 지도, 앱, 현장조사 외에 (   )을 함께 확인해야 한다.

☑ 정답
① 공간적 위치 ② 교통/학군/상권/일자리 ③ 수익 ④ 학교 이름 ⑤ 미래 개발 계획

수진쌤의 소곤소곤 <입지 체크리스트>

입지를 볼 때 가장 많이 듣는 말이 있어요.

"선생님, 도대체 어디가 좋은 입지인가요?"

저는 이럴 때 항상 미소부터 지어요.
왜냐면 입지는 정답이 아니라 기준이거든요.
그리고 그 기준은 아주 작은 체크포인트들에서 시작돼요.

초보자분들이 입지를 어려워하는 이유는 너무 '큰 그림'만 보려고 하기 때문이에요.
개발호재, 광역교통망, 대규모 사업 같은 단어를 들으면 그럴듯해 보이니까요.

하지만 진짜 중요한 건
"지금 여기에서, 생활이 편한가?" 이 질문 하나예요.
저는 수강생들에게 입지 체크리스트를 줄 때 꼭 덧붙여 말해요.
"이 체크리스트는 외워서 쓰는 게 아니라, 살아 보듯이 느끼는 거예요."

예를 한 번 들어 볼게요.
아무리 비싼 신축 아파트라도 버스정류장까지 15분 걸어야 하고
근처에 편의점 하나 없다면 그 입지는 '생활성이 떨어지는 곳'이에요.

반대로 오래된 구축이라도
학교, 역세권, 병원, 상권이 조용히 잘 자리 잡고 있으면
그곳은 기초 체력이 탄탄한 입지죠.

입지를 잘 본다는 건 멋진 말이나 화려한 지표를 아는 게 아니에요.

- ✔ 아이 키우는 엄마의 눈
- ✔ 출퇴근하는 직장인의 눈
- ✔ 장보기 나가는 생활인의 눈

이 세 가지를 동시에 갖는 거예요. 그리고 체크리스트는 이런 역할을 해요.
내 감각을 '흔들리지 않게' 잡아 주는 기준.

그래서 혹시 오늘 어떤 동네를 보러 가나요?
그렇다면 조용히 이렇게 생각해 보세요.

"이 동네에서 하루를 살아도 괜찮을까?"
"1년을 살아도 불편하지 않을까?"
"5년 후, 이 동네는 더 좋아지고 있을까?"

이 질문들에 '네'라고 대답할 수 있다면 당신의 입지는 이미 반 이상 맞춰진 거예요.
눈에 보이는 정보보다 당신이 느끼는 감각이 더 정확할 때가 많답니다.
입지는 늘 그렇게, 사람과 생활과 시간 속에서 답을 찾아요.

– 수진쌤의 조용한 소곤소곤

부자사관학교 입지 체크 리스트

사건번호	타경	입찰일	
물건지 주소			
물건 종류 (아파트, 토지 등)		면적	
구분	[각 항목 및 요소]		특이 사항
1. 교통 접근성	지하철역 도보 10분 이내 □		
	버스정류장 도보 5분 이내 □		
	버스 배차 간격 10분 이하 □		
	주요 도심 접근 시간 30분 이내 □		
	출퇴근 교통 흐름(유입/유출) 안정적 □		
2. 학군 & 교육 환경	초 · 중학교 도보 접근 가능 □		
	학교 주변에 유해시설 없음 □		
	학원가/스터디카페 등 교육 인프라 풍부 □		
	교육열 · 학업 성취도 수준 확인 □		
	돌봄센터/어린이집 접근성 양호 □		
3. 생활 인프라	편의점 도보 5분 □		
	마트 · 시장 도보 10~15분 □		
	병원 · 약국 도보권 또는 근거리 □		
	공원 · 산책로 등 생활 여가 시설 □		
	은행 · 행정센터 등 기본 행정시설 □		

구분	[각 항목 및 요소]	특이 사항
4. 상권의 건강도	공실률 낮음 □	
	브랜드 프랜차이즈 입점 비율 높음 □	
	유동 인구 꾸준히 확보 □	
	저녁 · 주말에도 활력 있는 상권 □	
	주민 · 직장인 · 관광객 등 다양한 소비층 존재 □	
5. 환경 & 소음	공원 · 녹지 접근성 □	
	소음 · 냄새 · 공해 유발시설 없음 □	
	조용한 주거지역 또는 준주거지역 □	
	호재 개발 시 환경규제 큰 문제 없음 □	
6. 부동산 시장 안정성	최근 3년 가격 흐름 안정적 □	
	거래량 꾸준함 □	
	동일권역 경쟁 단지 대비 입지 우위 □	
	은행 · 대출 심사에서 선호되는 지역 □	
	개발 호재가 '실행 단계'인지 확인 □	
7. 미래 가치 판단	대중교통 개선 예정 □	
	주거 · 상업 · 산업 개발계획 존재 □	
	학교 신설/확장 가능성 □	
	입주물량 과다 여부 체크 □	
	지역의 장기 인구 트렌드 양호 □	

✔ 최소 70% 이상 체크되면 '기본 입지'로 합격
✔ 80% 이상 체크되면 초보자도 안심하고 볼 수 있는 '탄탄 입지'

1. 입지가 의미하는 것은?

① 건물 내부 구조

② 부동산 위치와 주변 환경

③ 부동산 가격

④ 임대료 수준

⑤ 개발 계획

4. 초보자가 입지 분석 시 흔히 실수하는 것은?

① 현장 조사

② 지도와 앱 활용

③ 출구 위치, 도보 시간 확인 안 함

④ 상권 범위 확인

⑤ 시세 확인

2. 입지 분석에서 핵심 4대 요소가 아닌 것은?

① 교통

② 학군

③ 상권

④ 일자리

⑤ 건물 외관

5. 지도와 앱을 활용한 입지 분석의 장점은?

① 미래 개발 계획 확인

② 임대료 자동 수령

③ 건물 관리

④ 세금 절감

⑤ 공실률 0% 보장

3. 다음 중 좋은 입지의 특징이 아닌 것은?

① 역세권, 도보 5분 거리

② 학교와 편의시설 근접

③ 주변 상권 활성

④ 접근성 낮고 개발 가능성 낮음

⑤ 직주근접 가능

6. 학군 평가 시 중요한 요소는?

① 학교 이름만 확인

② 학교 위치와 학원가 근접 여부

③ 임대료

④ 상권 활성도

⑤ 건물 외관

7. 좋은 상권 조건으로 올바른 것은?

① 상가 공실률 높음

② 편의시설과 쇼핑몰 근접

③ 침체된 거리

④ 도로 접근 불편

⑤ 주차 공간 없음

8. 입지 분석에서 '일자리' 요소가 중요한 이유는?

① 직주근접 수요 판단

② 세금 계산

③ 공시지가 결정

④ 임대료 자동 상승

⑤ 대출 승인

9. 나쁜 입지의 특징은?

① 교통 불편

② 상권 활성

③ 학교 근접

④ 직장 인근

⑤ 개발 가능성 높음

10. 현장 조사 시 확인해야 할 사항이 아닌 것은?

① 주변 도로 상태

② 주변 상권

③ 학교 위치

④ 예상 수익률 계산

⑤ 사진·메모 기록

11. 입지 분석 시 반드시 고려해야 할 미래 요소는?

① 주변 가격 변동

② 개발 계획과 도시계획

③ 임차인 의견

④ 건물 외벽 색상

⑤ 광고 효과

12. 지도만 보고 판단할 때 발생할 수 있는 오류는?

① 상권 공실률 확인

② 상권 공실률 확인

③ 도보 시간 과소평가

④ 개발 계획 확인

⑤ 시세 확인

13. 입지 분석에서 '교통' 요소에 포함되는 것은?

① 지하철, 버스, 도로 접근성

② 학교 학급 수

③ 상가 매출

④ 임대료 수준

⑤ 관리비

14. 입지 분석에서 초보자가 놓치기 쉬운 포인트는?

① 현장 조사

② 지도 확인

③ 미래가치 요소 무시

④ 앱 활용

⑤ 시세 확인

15. 좋은 입지 판단의 핵심은?

① 공실률 0%

② 단기 차익

③ 광고 효과

④ 외관 색상

⑤ 장기적 수익 가능성

16. 입지 분석에서 상권 활성도를 판단할 때 고려할 요소는?

① 토지 면적

② 지하철 출구 번호

③ 학교 위치

④ 상가 수, 편의시설, 유동인구

⑤ 건물 층수

17. 초보자가 흔히 놓치는 학군 평가 요소는?

① 학교 이름만 보고 판단

② 학원가 위치

③ 학급 수

④ 학생 수

⑤ 통학거리

18. 지도와 앱을 함께 활용하는 이유는?

① 세금 절감

② 임대료 자동 수령

③ 데이터 + 현장 + 미래 계획을 종합 분석하기 위해

④ 건물 외관 확인

⑤ 공실률 0% 보장

19. 직주근접 수요를 판단하는 핵심 요소는?

① 대출

② 학군

③ 상권

④ 관리비

⑤ 일자리

20. 좋은 입지에 해당하지 않는 예시는?

① 역세권

② 학교 근접

③ 상권 활성

④ 개발 가능성 낮음

⑤ 직주근접 가능

21. 경매 물건의 현장 조사에서 반드시 확인해야 할 핵심 항목으로 가장 적절한 것은?

① 실제 점유 여부 및 점유자의 상태

② 해당 지역의 5년간 인구 증가율

③ 인근 상가의 평균 매출액

④ 최근 부동산 광고 노출 빈도

⑤ 온라인 시세 조회 결과

22. 나쁜 입지에서 나타나는 특징은?

① 상권 활성, 일자리 많음

② 역세권, 학교 근접

③ 교통 불편, 상권 침체

④ 개발 가능성 높음

⑤ 장기적 수익 가능성 높음

23. 입지 분석에서 앱을 활용할 수 있는 정보는?

① 건물 내부 구조

② 시세, 학군, 상권 정보

③ 세금 납부

④ 공실률 0% 보장

⑤ 광고 클릭 수

24. 입지 분석에서 반드시 고려해야 하는 것은?

① 데이터 기반 판단 + 현장 확인 + 미래 계획

② 광고 클릭 수

③ SNS 인기

④ 단순 가격

⑤ 건물 외관 색상

25. 상권 분석 시 확인하지 않아도 되는 것은?

① 상가 공실률

② 편의시설 접근성

③ 임대료 수준

④ 학교 학급 수

⑤ 유동인구

26. 투자자가 좋은 입지를 판단할 때 보는 핵심 기준은?

① SNS 후기

② 광고 효과

③ 건물 외관

④ 단기차익

⑤ 장기적 수익 가능성

27. 지도만 보고 입지를 판단했을 때 문제점은?

① 시세 확인

② 상권 활성도 확인

③ 학군 정보 확인

④ 미래 개발 계획

⑤ 도보 시간, 출구 위치 등 실제 체감 미반영

28. 입지 분석 시 현장 조사가 필요한 이유는?

① 단기 차익 계산

② 광고 클릭 수 확인

③ 지도와 앱만으로는 실제 환경 체감 불가

④ 세금 확인

⑤ 공실률 0% 보장

29. 입지 분석에서 '미래 계획'이 중요한 이유는?

① 임대료 자동 상승

② 개발 계획과 도시 계획에 따라 가치가 변동될 수 있기 때문

③ 공실률 감소

④ 광고 효과 극대화

⑤ 관리비 절감

30. 초보자가 입지 분석 시 가장 중요하게 체크해야 할 점은?

① 단기 차익만 고려

② SNS 후기만 확인

③ 광고 클릭 수 확인

④ 건물 색상만 확인

⑤ 데이터 + 현장 + 미래 계획

제4장. 경매 첫걸음

 핵심 정리 코너

4-1 경매란?(강제매각의 개념)

경매(Auction)란?

채무자가 빚을 갚지 못할 때, 법원이 개입하여 부동산을 강제로 매각하는 절차다.

즉, 일반 매매처럼 소유자가 자발적으로 파는 것이 아니라

법원의 명령으로 팔게 하는 것이다.

예시: A씨가 은행에서 3억 원을 빌려 아파트를 샀는데,

대출을 갚지 못하면 은행은 법원에 경매를 신청할 수 있다.

법원은 아파트를 경매로 내놓고, 낙찰자가 나오면 대출금을 변제받는다.

포인트: 경매는 돈과 법률이 함께 작용하는 투자라는 점을 이해해야 한다.

확인 문제 ....

① 경매는 집주인이 스스로 집을 팔고 싶어서 진행하는 절차이다. (O/X)

② 채무자가 대출을 갚지 못할 경우, 은행은 법원에 경매를 신청할 수 있다. (O/X)

③ 경매는 '법원의 명령에 의해 강제 매각이 진행되는 절차'이다. (O/X)

④ 경매에서 낙찰자가 나온 경우, 그 금액은 채무 변제에 사용될 수 있다. (O/X)

⑤ 일반 매매와 다르게 경매는 법적·절차적 요소를 함께 이해해야 한다. (O/X)

☑ 정답
① X ② O ③ O ④ X ⑤ O

4-2 경매 절차 한눈에 보기

경매 절차는 단계별로 나뉘게 된다.
각 단계마다 투자자가 확인해야 할 포인트가 있다.

1) 경매 개시 결정

채무자가 빚을 갚지 못하면 법원이 경매를 개시하게 된다.
공적 기록으로 확인 가능하며, 경매 개시 이후부터 입찰 참여가 가능하다.

2) 입찰 공고

대법원 경매정보 사이트(kics.scourt.go.kr)에 물건 정보가 공개된다.
물건 사진, 면적, 권리관계, 예상 낙찰가 등이 제공된다.

3) 입찰 신청

보증금을 예치하고 입찰에 참여할 수 있다.
입찰가 산정 시 권리분석, 시세, 비용 등을 모두 고려해야 한다.

4) 개찰 및 낙찰자 결정

법원에서 입찰서를 열어 최고가 입찰자를 낙찰자로 결정하게 된다.
예시: 3억 원에 입찰한 사람이 낙찰자가 된다.

5) 대금 납부

낙찰자는 정해진 기한 내에 잔금을 납부해야 한다.
기한 내 미납 시 보증금을 잃고 재경매가 진행된다.

6) 명도 및 점유 이전

기존 점유자가 있다면 인도 명령을 받아 부동산을 실제로 인도받아야 한다.
예시: 세입자가 살고 있으면 법적 절차를 통해 퇴거시켜야 한다.

핵심(核心)

절차를 이해하지 못하면 보증금 몰수, 소송, 손해 등 위험이 커질 수 있다.

4-3 법원 경매 사이트(대법원 경매정보) 소개

대법원 경매정보 사이트 예시

대법원 경매정보 사이트를 활용하면,

경매 물건 정보와 입찰 공고를 확인할 수 있다.

제공 정보: 물건 위치, 면적, 사진/권리관계(근저당, 가압류, 전세권)/최저가, 입찰 일정

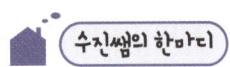
수진쌤의 한마디

초보자는 사이트 사용법을 먼저 익히는 것이 안전한 경매의 시작입니다.

4-4 낙찰의 의미

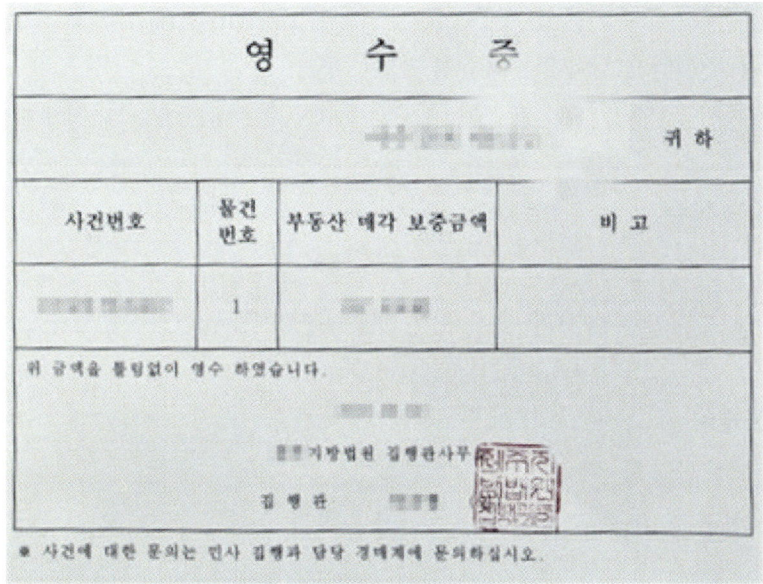

낙찰 영수증 예시

낙찰(Bid Win)이란?

최고가 입찰자가 부동산 소유권 이전 권리를 확보하는 것을 의미한다.

낙찰 후에는 잔금 납부, 명도, 등기 이전까지 모든 책임이 따라오게 된다.

예시: 3억 원에 낙찰 → 1개월 내 잔금 납부 → 점유자 퇴거 후 소유권 이전

핵심(核心)

낙찰 = 단순 최고가가 아닌, 권리분석 + 비용 + 명도 가능성을 모두 고려한 결정

 수진쌤의 한마디

초보자는 최고가만 쫓지 말고, 권리분석·비용·명도 가능성을 먼저 확인하는 것이 안전한 낙찰의 시작입니다.

4-5 초보자가 알아야 할 주의점 ★★★

1) 권리분석 미숙

근저당, 가압류, 전세권 등 남아 있는 권리를 반드시 확인

예시: 근저당 1억, 전세권 5,000만 원 있는 아파트 → 낙찰 후 1억 5,000만 원 정산 필요

2) 입찰가 계산 실수

보증금 몰수, 재경매 위험

예시: 3억 원 예상가 → 3억 5,000만 원 입찰 → 낙찰 후 자금 부족 → 보증금 몰수

3) 현장 확인 부족

물리적 상태, 주변 환경 확인 필수

예시: 겉보기 깨끗해도 누수, 하자 발견 → 수리 비용 추가 발생

4) 대출 활용 주의

레버리지 효과를 이용할 수 있지만, 이자 부담 과다 → 손실 가능

예시: 1억 자본 + 2억 대출 → 낙찰 후 금리 상승 → 수익률 감소

5) 법률 절차 이해 부족

명도, 점유자 대응, 소송 절차 등 사전 학습 필요

예시: 세입자가 퇴거 거부 → 법적 절차 진행 → 비용·시간 발생

핵심(核心)

경매는 돈 + 법률 + 부동산 이해가 결합된 투자 방식이므로,

사전 준비와 학습이 반드시 필요하다.

① 경매란 채무자가 빚을 갚지 못할 경우, 법원의 명령으로 부동산을 (   )하는 절차이다.

② 경매 절차에서 입찰 참여 전 납부해야 하는 금액은 (   )이다.

③ 낙찰자가 확보하는 권리는 (   )이며, 낙찰 후 잔금 납부와 명도까지 책임져야 한다.

④ 경매 물건의 권리관계를 확인하는 것을 (   )이라고 한다.

⑤ 경매 투자 시 초보자가 현장 확인을 하지 않아 발생할 수 있는 문제는 (   )이다.

☑ 정답

① 강제 매각 ② 보증금 ③ 소유권 이전 권리 ④ 권리분석 ⑤ 하자·손실 발생

수진쌤의 소곤소곤 <경매 첫걸음, 어떻게 시작해야 할까?>

경매라고 하면 아직도 많은 분들이 이렇게 말해요.

"어렵다던데요… 전문가들만 하는 거 아닌가요?"

하지만 사실, 경매의 첫걸음은 생각보다 아주 단순해요.
용기가 필요한 것도 아니고, 거대한 돈이 필요한 것도 아니고,
그저 '정확하게 알고 시작하는 마음' 하나면 돼요.

경매는 누군가의 실패가 아니라, 새로운 주인이 필요한 집을 찾아 주는 법적 절차일 뿐이에요.
조금만 배워 두면 누구보다 안전하게, 합리적으로 집을 살 수 있는 방법이죠.

초보자가 해야 할 첫걸음은 단 하나예요.

'전체 흐름을 먼저 보는 것.'

입찰이 어떻게 이뤄지는지,
낙찰되면 어떤 과정이 이어지는지,
명도는 어떤 대화로 해결되는지,
전체 지도를 머릿속에 그리면, 그다음부터는 길을 잃지 않아요.

그리고 꼭 기억해요.
경매는 "용기 게임"이 아니라 정보 게임이에요.
아는 만큼 안전해지고, 준비한 만큼 수익이 생겨요.

저도 초보 시절엔 엉뚱한 물건을 보고,
"이거 괜찮은데?" 하며 설렜다가
권리분석 한 줄에서 멈칫하고 돌아선 적이 많았어요.
그 경험들이 지금의 저를 만들었어요. 여러분도 그렇게 될 거예요.

한 걸음만 더.
조금만 더 이해하면
경매는 여러분에게 두려움의 세계가 아니라 기회가 기다리는 시장이 돼요.

천천히, 그러나 확실하게.
제가 옆에서 끝까지 함께 걸어 드릴게요.

— 수진쌤의 조용한 소곤소곤

4장. 경매 첫걸음 30문

1. 경매가 의미하는 것은?
① 자발적 부동산 매각
② 강제매각을 통한 채권 변제
③ 임대차 계약
④ 분양권 거래
⑤ 단기 매매

2. 경매 절차에서 가장 먼저 진행되는 단계는?
① 입찰 신청
② 낙찰 결정
③ 경매 개시 결정
④ 명도
⑤ 대금 납부

3. 낙찰자가 입찰 후 해야 할 첫 번째 의무는?
① 잔금 납부
② 권리분석
③ 현장 조사
④ 대출 신청
⑤ 세금 신고

4. 초보자가 경매 투자 시 반드시 확인해야 하는 권리는?
① 근저당
② 전세권
③ 가압류
④ 모두 해당
⑤ 단순 매매가

5. 법원 경매 사이트의 주요 기능이 아닌 것은?
① 물건 정보 확인
② 입찰 일정 확인
③ 권리분석 자료 제공
④ 공실률 자동 계산
⑤ 입찰 공고 확인

6. 낙찰의 의미로 올바른 것은?
① 부동산을 임대할 권리 확보
② 최고가 입찰자가 소유권 이전 권리를 확보
③ 가격을 낮추는 전략
④ 세금 절감
⑤ 대출 승인을 받음

7. 경매 절차에서 마지막 단계는?
① 경매 개시
② 입찰
③ 개찰
④ 명도 및 점유 이전
⑤ 권리분석

10. 경매에서 '강제매각'의 목적은?
① 개발이익
② 임대수익 확보
③ 시세차익 확보
④ 공실 관리
⑤ 채권 변제

8. 초보자가 입찰가 계산을 잘못하면 발생할 수 있는 문제는?
① 공실률 감소
② 수익률 상승
③ 세금 절감
④ 보증금 몰수
⑤ 현금흐름 안정

11. 권리분석이 중요한 이유는?
① 낙찰 후 권리 문제로 손실 발생 가능
② 입찰 전 세금 계산
③ 현장 조사 생략 가능
④ 광고 클릭 수 확인
⑤ 단기 매매 수익 극대화

9. 대법원 경매정보 사이트 주소는?
① kics. scourt. go. kr
② courtauction. go. kr
③ lawcourt. kr
④ krcourt. info
⑤ auctionsite. co. kr

12. 입찰 공고를 확인할 수 있는 곳은?
① 대법원 경매정보 사이트
② 블로그
③ 포털 뉴스
④ SNS
⑤ 공인중개사 사무실 게시판

13. 초보자가 놓치기 쉬운 경매 주의점은?

① 현장 확인

② 권리분석

③ 대출과 이자 부담 확인

④ 광고 클릭

⑤ 법률 절차 이해 부족

14. 경매에서 '대금 납부' 단계는?

① 입찰 후 낙찰자 선정 시

② 낙찰 후

③ 경매 개시 전

④ 명도 후

⑤ 권리분석 전

15. 경매 절차에서 '개찰' 단계의 의미는?

① 소유권 이전

② 잔금 납부

③ 입찰서 개봉 및 최고가 확인

④ 권리분석

⑤ 현장 조사

16. 낙찰 후 점유자 인도를 요청하는 절차는?

① 입찰

② 명도

③ 권리분석

④ 레버리지

⑤ 개발이익

17. 경매에서 초보자가 가장 먼저 배워야 할 사이트는?

① 대법원 경매정보

② 네이버 부동산

③ 호갱노노

④ 아실

⑤ 카카오맵

18. 권리분석 시 확인해야 할 내용이 아닌 것은?

① 근저당

② 가압류

③ 전세권

④ 광고 클릭 수

⑤ 소유권 문제

19. 입찰 참여 전 준비 사항이 아닌 것은?

① 보증금 예치

② 자격 확인

③ 권리분석

④ 현장 방문

⑤ 광고 클릭 수 확인

20. 경매에서 가장 위험한 초보 실수는?

① 입찰가 계산

② 현장 방문

③ 입찰 공고 확인

④ 대법원 사이트 활용

⑤ 권리분석 미숙

21. 경매가 의미하는 투자 방식은?

① 광고 투자

② 단순 임대

③ 단기매매

④ 돈 + 법률 + 부동산 이해가 결합된 방식

⑤ SNS 트렌드 투자

22. 초보자가 명도 관련 지식을 모르면 생기는 문제는?

① 점유자와 분쟁

② 수익률 상승

③ 공실 감소

④ 세금 절감

⑤ 광고 효과

23. 입찰 공고의 주요 내용이 아닌 것은?

① 물건 정보

② 권리분석 자료

③ 입찰일정

④ 광고 클릭 수

⑤ 입찰 방법

24. 경매 절차를 이해하는 가장 큰 이유는?

① 광고 클릭 수 증가

② 세금 절감

③ 리스크 감소

④ 공실률 0%

⑤ 현금흐름 자동 확보

25. 낙찰자가 가장 먼저 확보해야 하는 권리는?

① 광고 수익

② 임대차 계약

③ 공실 관리

④ 소유권 이전

⑤ 단기차익

26. 경매에서 초보자가 잊기 쉬운 법률 절차는?

① 명도, 점유자 대응

② 입찰

③ 권리분석

④ 대금 납부

⑤ 현장 조사

27. 경매에서 최고가 입찰자가 낙찰되는 단계는?

① 명도

② 개찰

③ 입찰 공고

④ 권리분석

⑤ 대금 납부

28. 입찰 참여 전 반드시 준비해야 할 것은?

① 건물 외관 색상

② 광고 클릭 수

③ SNS 홍보

④ 세금 납부

⑤ 보증금 예치

29. 초보자가 경매 공부를 위해 가장 먼저 해야 할 일은?

① 임대수익 계산

② 단기차익 노리기

③ 대법원 경매정보 사이트 활용법 숙지

④ 광고 클릭

⑤ SNS 후기 확인

30. 경매 낙찰 후 잔금 납부와 명도까지 책임져야 하는 이유는?

① 공실률 0%

② 광고 효과 극대화

③ 세금 절감

④ 단기 차익

⑤ 소유권 이전과 실제 인도가 완료되어야 권리 확보 가능

제5장. 경매 입찰 과정 이해

5-1 입찰 전 준비(보증금, 자격)

경매에서 성공하려면 준비 단계가 가장 중요하다.
준비가 부족하면 낙찰권을 상실하거나 손실이 발생할 수 있다.

1) 보증금 예치

경매에 참여하려면 먼저 법원에 보증금을 납부해야 한다.
보증금은 입찰가의 약 10% 수준이 일반적이다.

예상 입찰가가 3억 원이면, 보증금은 약 3천만 원 정도 준비해야 한다.
기한 내 납부하지 않으면 입찰 자체가 불가하며, 이미 납부한 보증금은 몰수될 수 있다.

예시:

위의 물건을 보면, 입찰가격은 1억 7,400만 원이고, 입찰 보증금은 10%의 금액에 해당되는 1,740만 원이다.

입찰일은 2억 원에 12월 22일에 낙찰이 되었다고 가정하면, 매각결정기일 이후 약 30일 안에 잔금인 나머지 1,982,600,000원을 기간 안에 납부해야 한다. 이때 납부하지 않고 잔금을 미납하게 되면, 이건 무효 처리가 되어 보증금을 몰수당하게 된다.

무조건 딱 하나만 기억하자.
입찰보증금은 보증금의 10%이다.

2) 입찰 자격 확인

- 만 19세 이상, 법적으로 제한이 없는 사람
- 채권·금융 규정 충족 여부
- 대출 계획이 있다면 사전에 금융기관 확인 필요

준비 부족 → 보증금 몰수, 입찰 불가, 법적 문제 발생 가능

5-2 입찰가를 정하는 방법

입찰가는 단순히 "높게 써서 낙찰받기"가 아니라 전략적 계산이 필요하다.

1) 시세 분석

주변 부동산 거래가, 최근 실거래가, 호가 등을 비교
예시: 20평 아파트, 최근 거래가 3억 5천 → 입찰가는 3억 4천 ~ 3억 5천 고려

2) 권리분석 반영

근저당, 전세권, 가압류 등 기존 권리를 차감
예시: 근저당 1억, 전세 5천 → 실질 투자금은 입찰가에서 권리금을 고려

3) 비용 고려

취득세, 관리비, 수리비 등 추가 비용을 포함

예시: 입찰가 3억 4천 + 취득세 3천 + 수리비 2백 → 총 투자비용 약 3억 4천 5백

4) 전략적 여유

경쟁 입찰 상황 고려/너무 높게 쓰면 수익률 감소, 너무 낮으면 낙찰 실패

핵심: 입찰가 결정은 시세 + 권리 + 비용 + 전략적 여유를 반영해야 한다.

5-3 개찰과 낙찰 결정

1) 개찰

법원에서 모든 입찰서를 열어 최고가를 확인

동일가 입찰 시 선입찰자 우선

2) 낙찰자 결정

최고가 입찰자가 낙찰자로 결정

법원에서 낙찰통지서 발급 → 정해진 기한 내 잔금 납부

포인트: 개찰 후 낙찰 포기 시 보증금 몰수

5-4 대금 납부

경매에서 낙찰을 받은 사람이 법원에 최종 금액(잔금)을 내고 소유권을 완성하는 과정을 말한다. 입찰표를 넣고 '낙찰!'이 되었다고 해서 끝이 아니라, 대금을 납부해야 비로소 진짜 내 집(내 물건)이 된다.

1) 낙찰 결정 → '매각허가 결정' 기다리기

낙찰 후 곧바로 돈을 내는 게 아니다.

법원이 낙찰이 적법한지 심사하고 매각허가 결정을 내린 뒤 대금 납부 절차가 시작된다.

2) 법원의 '대금 납부 기한' 통지받기

보통 약 30일 이내에 잔금을 납부하라는 안내가 나온다.

이때부터는 시간 싸움!

기한 내에 납부하지 않으면 낙찰이 취소될 수 있다.

3) 잔금 납부(= 매각대금 납부)

낙찰가에서 이미 납부한 보증금을 뺀 나머지 금액을 내면 된다.

예: 낙찰가 3억/보증금 3천만 원 납부 → 잔금: 2억 7천만 원

4) 대금 납부 완료 = 소유권 취득의 출발점

잔금까지 내면 법원에서 '매각대금 완납증명'을 발급해 준다.

이 증명서로 등기이전 신청이 가능해지게 된다.

이제부터 진짜 내 부동산!

5) 대금 납부 후, 해야 할 일

- 등기 이전
- 명도(점유자 퇴거 절차)
- 세입자 보증금 관계 확인
- 세금 지급(취득세 등)

5-5 명도(점유자 문제) 기초

1) 명도란?

명도는 '부동산을 실제로 인도받는 과정',

즉 점유자가 그 집을 비우고, 낙찰자가 집을 넘겨받는 절차를 의미한다.

경매에서는 대금 납부를 완료했다고 해서 바로 집을 쓸 수 있는 것이 아니다.

그 집에 누군가(세입자, 소유자, 무단점유자)가 살고 있다면, 그 사람과의 관계를 해결해야 한다.

2) 누가 살고 있을까?

명도 과정에서 가장 중요한 것은 점유자의 유형이다.

① 소유자 거주

체납으로 경매가 진행된 경우 가장 흔함

협상 → 이사비 지원 → 일정 조율 방식이 일반적

② 임차인(세입자)

전세냐 월세냐에 따라 해결 방식이 달라짐.

확정일자 · 대항력 여부에 따라 보증금을 낙찰자가 인수할 수도 있음!

반드시 권리분석과 임차인 조사 필요

③ 무단점유자

주소지가 없는 사람, 지인, 불법 점유 등

협상 우선 → 필요시 인도명령 신청 가능

3) 명도는 왜 중요할까?

명도가 해결되지 않으면

집을 사용할 수 없고, 리모델링도 못 하고, 임대 놓거나 매도할 수도 없음.

즉, 명도 = 경매 수익의 출발점이다.

4) 명도 절차 쉽게 이해하기

① 낙찰 후 점유자 파악

- 점유자 현장 방문
- 인터뷰·문서 확인(임대차계약서, 주민등록등본, 확정일자)
- 법원 현황조사서 및 감정평가서 참고

② 대금 납부 후 '소유권 취득'

- 이 시점부터 명도 요구 가능
- "대금 납부 전에는 점유자에게 나가라고 할 법적 권한이 없음"

③ 명도 협상

- 일정 잡기
- 이사비 협의(필요시)
- 점유자의 사정 파악 → 원만 해결이 최선

④ 협의 불가 시 인도명령

- 법원에 인도명령(퇴거명령) 신청
- 점유자가 불복하면 재판 절차로 진행
- 최종적으로 집행관이 강제집행 가능

확인 문제

① 경매에 참여하려면 먼저 법원에 (   )을 납부해야 한다.

② 입찰가를 결정할 때는 (   ), (   ), (   ), (   )를 모두 고려해야 한다.

③ 개찰 단계에서는 모든 입찰서를 열어 (   )를 확인하고 낙찰자를 결정한다.

④ 낙찰 후 법원이 정한 기한 내 (   )을 납부해야 한다.

⑤ 점유자가 퇴거를 거부하면, 낙찰자는 (   ) 절차를 통해 부동산을 인도받아야 한다.

☑ 정답
① 보증금 ② 시세/권리분석/비용/전략적 여유 ③ 최고가 ④ 잔금 ⑤ 명도(강제집행)

수진쌤의 소곤소곤 <경매는 운이 아니라, 준비된 사람의 게임>

많은 초보자 분들이 경매를 처음 접하면 이렇게 말해요.

"운 좋으면 싸게 사는 거 아닌가요?
경매는 타이밍 싸움이라던데요?"
맞아요.
겉으로 보기엔 '누구의 봉투가 더 높았나'로 결정되는 간단한 게임처럼 보여요.

하지만 진짜 경매는 운으로 움직이지 않아요.
눈에 보이지 않는 준비의 깊이로 움직여요.

입찰가를 적기 전에, 우리는 수십 번 시세를 다시 보고,
권리분석을 다시 확인하고, 임장 사진을 다시 들여다보죠.
그리고 마지막 순간에, 조용히 계산기를 접어요.
그 모든 과정이 합쳐져 봉투 안의 '그 숫자'가 되는 거예요.
그래서 경매는 "운이 좋아서 낙찰됐다"가 아니라
"준비한 만큼 낙찰됐다"가 더 맞는 말이에요.

초보자일수록 더 조급할 수도 있어요.
"남들은 다 낙찰되는데, 왜 나는 계속 꽝이지…?"

하지만 걱정하지 말아요.
꽝이 많은 사람일수록 언젠가 단단한 한 방을 가져가는 법이니까요.
경매는 경쟁이 아니라 철저한 자기 점검의 과정이에요.

다른 사람을 이기는 것이 아니라,
'어제의 나'보다 더 정확해지는 게임이에요.

당신이 준비한 만큼, 경매는 놀랍도록 정직하게 보답해 줘요.
오늘도 조용히, 한 걸음 더.
그렇게 여러분의 내공이 쌓여 가고 있어요.

그리고 그 내공은 어느 날
당연한 듯 '낙찰'이라는 이름으로 돌아올 거예요.

제가 지금처럼 옆에서 계속 지켜볼게요.
여러분의 준비는 결코 헛되지 않으니까요.

— 수진쌤의 조용한 소곤소곤

1. 경매 입찰 전 반드시 준비해야 하는 것은?

① 광고 클릭

② 보증금 납부

③ SNS 홍보

④ 건물 외관 확인

⑤ 주변 시세 확인

2. 입찰가 결정 시 포함하지 않아도 되는 항목은?

① 권리분석

② 시세

③ 비용

④ 광고 클릭 수

⑤ 전략적 여유

3. 개찰 단계에서 하는 것은?

① 입찰서 개봉 및 최고가 확인

② 잔금 납부

③ 권리분석

④ 현장 조사

⑤ 점유자 협의

4. 최고가 입찰자가 낙찰되는 이유는?

① 광고 효과

② 단순 임대 수익

③ 법원이 개찰 후 최고가 입찰자를 선정

④ 시세 차익

⑤ 현장 조사 완료

5. 낙찰 후 바로 해야 하는 첫 번째 절차는?

① 잔금 납부

② 명도

③ 권리분석

④ 입찰서 제출

⑤ 현장 조사

6. 경매에서 낙찰자가 매각대금을 기한 내에 완납하지 못할 대 발생하는 결과는?

① 보증금 몰수

② 환급

③ 세금 감면

④ 공실 발생

⑤ 현금흐름 안정

7. 입찰가 결정 시 포함해야 하는 항목이 아닌 것은?

① 권리분석

② 시세

③ 비용

④ 광고 클릭 수

⑤ 전략적 여유

8. 입찰 참여 자격에 해당하지 않는 경우는?

① 만 19세 이상 성인

② 미성년자

③ 금치산자 아님

④ 금융 규정 충족

⑤ 보증금 납부 가능

9. 점유자가 퇴거를 거부할 때 필요한 절차는?

① 권리분석

② 입찰가 재조정

③ 강제집행

④ 광고 클릭

⑤ 시세 확인

10. 입찰 전략 중 '낙찰 희망가' 계산에 포함되는 항목은?

① 시세 - 권리 + 비용 + 전략적 여유

② 광고 클릭 수

③ SNS 후기

④ 주변 상권 분석

⑤ 공실률

11. 낙찰자 선정 후 잔금 납부 기한을 지키지 않으면 일어나는 일은?

① 권리분석 완료

② 수익률 상승

③ 공실률 감소

④ 세금 절감

⑤ 보증금 몰수 및 재경매 진행

12. 권리분석에 포함되지 않는 항목은?

① 근저당

② 전세권

③ 가압류

④ 광고 클릭 수

⑤ 소유권 문제

13. 입찰 전 시세 확인의 목적은?

① 낙찰 후 손해 방지

② 광고 효과 증가

③ 명도 완료

④ 법원 확인

⑤ 대출 승인

14. 경매 입찰 준비에서 중요한 항목은?

① 보증금, 자격

② 매물 사진 확인

③ SNS 홍보

④ 주변 건물 색상

⑤ 입찰 공고 클릭

15. 입찰가를 결정할 때 초보자가 실수하기 쉬운 점은?

① 광고 클릭 수 확인

② 비용, 권리분석, 시세를 고려하지 않음

③ SNS 후기 확인

④ 주변 상권 분석

⑤ 명도 절차 숙지

16. 개찰 후 최고가 입찰자가 '바로 낙찰자'로 결정되지 않는 경우는?

① 동일가 입찰이 있어 추첨 절차가 필요한 경우

② 잔금 납부

③ 권리분석 완료

④ 명도

⑤ 현장 조사

17. 낙찰 후 점유자 인도는?

① 잔금 납부

② 입찰

③ 권리분석

④ 명도

⑤ 시세 확인

18. 점유자 퇴거 협의가 실패했을 때 일어나는 일은?

① 재경매

② 잔금 재납부

③ 법원 강제집행

④ 시세 조정

⑤ 권리분석

19. 입찰가를 너무 높게 쓰면 발생하는 문제는?

① 법적 문제

② 보증금 몰수

③ 명도 실패

④ 수익률 감소

⑤ 현장 조사 필요

20. 입찰가를 너무 낮게 쓰면 발생하는 문제는?

① 권리분석

② 잔금 납부

③ 강제집행

④ 낙찰 실패

⑤ 비용 계산

21. 입찰 전 준비 단계에서 확인하지 않아도 되는 것은?

① 시세 확인

② 보증금 준비

③ 자격 확인

④ 권리분석

⑤ SNS 광고 클릭 수

22. 입찰가 결정 시 반드시 포함해야 할 비용은?

① SNS 홍보비

② 광고비

③ 취득세, 관리비, 수리비

④ 주변 상권 분석 비용

⑤ 점유자 명도비

23. 낙찰 후 잔금 납부가 완료되었을 때 가능한 것은?

① 공실률 0%

② 경매 취하

③ SNS 후기 작성

④ 주변 시세 상승

⑤ 소유권 이전 등기 가능

24. 초보자가 놓치기 쉬운 입찰 관련 포인트는?

① 시세 확인

② 보증금 납부

③ 권리분석, 명도 절차

④ 입찰서 제출

⑤ 법원 사이트 확인

25. 경매 입찰에서 '보증금 예치'의 의미는?

① 현장 조사

② 명도

③ 권리분석

④ 입찰 참여를 위한 조건

⑤ 시세 확인

26. 낙찰 후 점유자 협의가 잘 되면?

① 권리분석 완료

② 수익률 상승

③ 보증금 몰수

④ 재경매

⑤ 비용·시간 절약

27. 잔금 납부 기한을 어기면 일어나는 일은?

① 보증금 몰수

② 수익률 상승

③ 현금흐름 증가

④ 명도 완료

⑤ 권리분석

28. 입찰가를 결정할 때 시세 분석의 이유는?

① 소유권 이전등기를 하기 위해

② 낙찰 후 손실 방지

③ 명도 완료

④ 권리분석

⑤ 강제집행

29. 입찰 참여 자격 확인이 필요한 이유는?

① 시세 확인

② 홍보 효과

③ 주변 상권 분석

④ 명도 완료

⑤ 법적 문제 예방

30. 입찰 전략에서 '전략적 여유'를 두는 이유는?

① 명도 절차 단축

② 광고 클릭 증가

③ SNS 홍보

④ 수익률 최적화 및 리스크 관리

⑤ 강제집행

6장. 등기부등본과 권리분석 기초

 핵심 정리 코너

[경매 = 권리분석(權利分析)]

경매에서 가장 중요한 것은 **권리분석**이다.

아무리 싸게 낙찰받아도, 인수해야 할 권리를 모르고 입찰했다면 큰 손해를 볼 수 있다. 따라서 등기부등본을 보고 '누가 어떤 권리를 가지고 있는가'를 읽을 줄 알아야 한다.

6-1 등기부등본 보는 법

등기부등본은 한마디로 부동산의 신분증이다.

그 집이 언제 지어졌고, 누구 소유인지, 어떤 권리가 걸려 있는지를 모두 기록한 문서를 말한다.

등기부등본은 크게 세 부분으로 나뉘게 된다.

첫 번째,

표제부로, 집의 주소, 면적, 건물 구조, 대지권 비율 등이 적혀 있다.

두 번째,

갑구로, '누가 소유자인가'를 보여 주는 부분이다.

집을 사고팔면 소유자가 바뀌기 때문에, 매매나 상속, 압류 등 소유권 관련 내용이 갑구에 기록된다.

세 번째,

을구로, 돈과 관련된 권리들이 모여 있다.

즉, 은행의 근저당, 세입자의 전세권, 채권자의 가압류 등이 을구에 표시된다.

구분	내용
표제부	부동산의 주소, 면적, 구조 등 기본 정보
갑구	소유자 및 소유권 관련 변동사항(매매, 상속, 압류 등)
을구	근저당, 전세권, 지상권 등 금전적 권리관계

경매에서 등기부등본을 볼 때는

"누가 소유자이고, 언제부터 어떤 권리가 설정되었는가"를 꼭 확인해야 한다.

특히 날짜(접수일자)를 중심으로 권리의 순서를 읽는 것이 핵심이다.

핵심(核心)

"누가 소유자인가" → 갑구

"누가 돈을 빌려주었는가" → 을구

"언제 설정되었는가" → 날짜 확인이 중요

6-2 근저당, 가압류, 전세권이란?

근저당이란?

이는 은행이 돈을 빌려주면서 담보로 집을 잡아 두는 권리

즉, 대출을 갚지 않으면 은행이 경매를 신청할 수 있게 하는 장치다.

가압류란?

돈을 빌려준 사람이 나중에 돈을 받지 못할까 봐 미리 채무자 재산을 '묶어 두는 조치'

아직 확정된 채권이 아니어도 법원에서 잠시 동결시키는 개념이다.

전세권이란?

세입자가 보증금을 돌려받을 수 있도록 집에 설정한 권리

보통 확정일자나 대항력보다 강한 형태로, 등기부에 직접 표시된다.

지상권이란?

남의 땅 위에 건물을 지을 수 있는 권리

토지와 건물 소유자가 다를 때 자주 등장한다.

용어	의미	예시
근저당권	돈을 빌려준 은행이 담보로 잡은 권리	은행 대출 시 설정
가압류	돈을 돌려받기 위해 재산을 미리 묶어 두는 조치	채무소송 중인 경우
전세권	전세보증금을 돌려받기 위해 집에 권리를 설정한 것	전세입자 보호용
지상권	남의 땅 위에 건물 지을 수 있는 권리	토지와 건물 소유자가 다를 때

▶ 등기부등본에 이런 권리들이 있다면, 누가 먼저 생겼는지(날짜)를 꼭 확인해야 한다. 권리의 순서(접수일자)가 '인수 vs 소멸'을 결정한다.

6-3 낙찰자에게 인수되는 권리 vs 소멸되는 권리

경매를 통해 낙찰받으면 대부분의 권리는 사라지지만,
일부 권리는 낙찰자가 그대로 인수해야 한다.

소멸되는 권리에는 근저당, 가압류, 압류 등이 있다.
이 권리들은 경매가 끝나면 말소된다.

반면, 인수되는 권리에는 대항력 있는 임차인, 법정지상권 등이 있다.
이런 권리는 경매가 끝나도 사라지지 않고, 낙찰자가 그대로 부담해야 한다.
쉽게 말해, "새 주인이 돼도 그 권리가 남는 경우"이다.

이 구분을 이해하려면 '말소기준권리'라는 개념이 중요하다.

말소기준권리란?

경매가 시작될 때 기준이 되는 가장 강한 권리로 이 권리보다 뒤에 생긴 권리들은 모두 소멸하지만, 그보다 먼저 생긴 권리들은 낙찰자가 인수해야 한다.

따라서 권리분석의 핵심은 "권리의 순서"를 읽는 것이다.
즉, 누가 먼저 권리를 설정했는가가 모든 것을 결정하게 된다.

구분	설명	예시
소멸되는 권리	경매 후 모두 사라지는 권리	근저당, 가압류, 압류 등
인수되는 권리	낙찰자가 그대로 떠안아야 하는 권리	대항력 있는 임차인, 법정지상권

핵심(核心)

쉽게 말해, '말소기준권리보다 먼저 생긴 권리'는 인수될 수 있다.
따라서 '말소기준권리'를 중심으로 위·아래 권리의 발생순서를 반드시 파악해야 한다.

경매에서 세입자의 권리를 이해하려면 두 가지 개념을 알아야 한다.
바로 대항력과 우선변제권이다.

대항력이란?

세입자가 실제로 그 집에 살고 있고, 주민등록이 되어 있다면
새로운 소유자에게도 "나는 나갈 수 없다"고 주장할 수 있는 힘이다.
즉, 소유자가 바뀌어도 세입자가 계속 거주할 수 있는 보호 장치다.

우선변제권이란?

세입자가 경매 시 보증금을 먼저 돌려받을 수 있는 권리이다.
확정일자를 받고, 대항력까지 갖추면 다른 채권자보다 우선해서 돈을 받을 수 있다.

대항력	임차인이 "나 여기 실제로 살고 있다"는 사실로 보호받는 힘 조건: 주민등록 + 실제 거주 결과: 새 주인이 바뀌어도 나가라고 못함
우선변제권	임차인이 보증금을 일부 먼저 돌려받을 수 있는 권리 조건: 확정일자 + 대항력 결과: 경매 시 다른 채권자보다 먼저 보증금 회수 가능

핵심(核心)

쉽게 구분하자면, 대항력은 "살 권리"
우선변제권은 "돈을 돌려받을 권리"라고 이해하면 된다.
즉, 대항력은 거주 보호, 우선변제권은 돈 보호이다.

6-5 초보자가 자주 하는 권리분석 실수

초보자들은 등기부등본을 단순히 "빚이 많다/적다" 수준으로만 보는 경우가 많다.
그러나 진짜 중요한 것은 언제, 누가, 어떤 권리를 설정했는가이다.

자주하는 실수 알아보기!
첫 번째,
임차인 확인을 소홀히 함 → 전입세대 열람을 안 해 임차인의 대항력 여부를 놓침
두 번째,
날짜 착각 → 말소기준권리보다 먼저 생긴 권리를 인수해야 함에도 입찰함
세 번째,
세유자와 점유자 불일치 → 실제 거주자와 등기상 소유자가 다른 경우
네 번째,
위장임차인 문제 → 친척 명의로 점유 중인 경우에도 임차인으로 착각

이런 실수는 모두 '권리 순서'를 정확히 읽지 못해서 생긴다.
권리분석은 결국 "시간 순서대로 권리의 강약을 판단하는 것"이라는 점을 꼭 기억하자.

핵심(核心)
초보자라면 반드시 "권리분석 = 순서 파악"이라고 기억하자.
'누가 먼저 권리를 가졌는가?'가 곧 결과를 바꾸게 된다.

① 등기부등본의 갑구에는 (   )과 관련된 내용이, 을구에는 (   )와 관련된 권리들이 기록된다.

② 은행이 돈을 빌려주며 담보로 잡는 권리는 (   )이라고 한다.

③ 말소기준권리보다 (   ) 설정된 권리는 낙찰자가 인수해야 한다.

④ 세입자가 주민등록과 실제 거주를 통해 새 소유자에게도 보호받는 권리를 (   )이라고 한다.

⑤ 확정일자와 대항력을 갖춘 세입자가 경매 시 보증금을 먼저 돌려받을 수 있는 권리는 (   )이다.

☑ 정답
① 소유권 / 금전적 권리 ② 근저당권 ③ 먼저 ④ 대항력 ⑤ 우선변제권

수진쌤의 소곤소곤 <위험은 모를 때 생기고, 알면 사라져요>

부동산 공부를 하다 보면 가장 많이 듣는 말이 있어요.

"권리분석이 제일 무서워요."
"등기부만 보면 머리가 지끈거려요…."

그 마음, 너무 잘 알아요.
처음에는 저도 그랬거든요.
빨간 글씨, 낯선 용어, 복잡한 숫자들.
처음 마주하면 당연히 어렵게 느껴질 수밖에 없어요.

하지만 어느 순간 깨닫게 됐어요.
무서운 건 '권리'가 아니라
내가 모른 상태로 지나가는 그 순간이라는 걸.
등기부는 그 집에 무슨 일이 있었는지 차근차근 기록해 둔 '일기장' 같은 거예요.

누구에게 돈을 빌렸는지, 누가 살았는지, 어떤 권리가 언제 생겼는지.
하나씩 차분히 보면,
결국은 모두 "알 수 있는 내용들"이에요.

그리고 신기하게도, 알면 알수록 위험은 줄어들고 불안도 사라져요.
의심이 확신으로, 막막함이 명확함으로 바뀌기 시작하죠.

제가 경매를 가르치며 수많은 초보자들을 봐 왔는데
가장 위험한 사람은 '아예 모르는 사람'이 아니라 '모르는데 아는 척 넘어가는 사람'이었어요.

여러분은 지금 가장 중요한 한 걸음을 내디딘 거예요.
권리를 이해하려는 마음, 등기부를 읽어 보려는 태도.
이 두 가지만 있어도 절반은 이미 성공이에요.

걱정하지 마세요. 여러분은 혼자가 아니에요.
제가 계속 옆에서 하나하나 알려 드릴게요.
그리고 언젠가는 여러분도 등기부를 보며 이렇게 말할 수 있을 거예요.

"어? 생각보다 별거 아니네."

그때가 오면, 부동산 투자는 훨씬 더 안전해지고
당신의 선택은 한층 더 강해질 거예요.

– 수진쌤의 조용한 소곤소곤

1. 등기부등본은 부동산의 (   )에 해당한다. 빈칸에 알맞은 답은?
① 주소록
② 신분증
③ 거래계약서
④ 공시지가표
⑤ 건축허가서

2. 등기부등본에서 부동산의 위치·면적·구조 등이 기록된 부분은?
① 갑구
② 을구
③ 표제부
④ 말소부
⑤ 소유부

3. 등기부등본의 갑구에는 주로 기록되는 내용은?
① 근저당권
② 가압류
③ 소유권 변동사항
④ 전세권
⑤ 확정일자

4. 등기부등본의 을구에는 주로 기재되는 권리는?
① 소유권
② 점유권
③ 금전적 권리(근저당, 전세권 등)
④ 임대차계약서
⑤ 토지이용계획

5. 등기부등본을 확인할 때 가장 중요한 것은?
① 문서의 길이
② 권리 순서와 날짜
③ 가격정보
④ 건축년도
⑤ 소유자 주소

6. 갑구와 을구를 구분하는 이유는?
① 문서 길이를 줄이기 위해
② 세금 목적
③ 소유권과 채권관계를 명확히 구분하기 위해
④ 주민등록 목적
⑤ 법원 경매 진행 편의

7. 등기부등본의 표제부에 적히는 정보로 옳은 것은?

① 소유자 이름

② 채권자 이름

③ 건물 구조와 면적

④ 근저당권자 정보

⑤ 확정일자

8. 경매를 통해 부동산을 살 때 가장 먼저 확인해야 하는 서류는?

① 매매계약서

② 등기부등본

③ 건축물대장

④ 주민등록등본

⑤ 토지이용계획서

9. 등기부등본의 날짜(접수일자)가 중요한 이유는?

① 건축 연도 확인용

② 세금 신고 시 필요

③ 매매가 산정 기준이 되기 때문

④ 임차인 연락용

⑤ 권리 발생 순서를 판단하기 위해

10. 등기부등본은 발급할 수 있는 곳은?

① 주민센터 창구

② 법원 경매계

③ 정부24 또는 등기소

④ 부동산 중개사무소

⑤ 세무서

11. 은행이 대출을 해 주며 담보로 잡는 권리는?

① 가등기

② 근저당권

③ 가압류

④ 전세권

⑤ 유치권

12. 가압류가 설정되는 상황은?

① 대출을 다 갚았을 때

② 채권자가 돈을 받기 전 미리 재산을 묶을 때

③ 소유자가 변경될 때

④ 집을 전세로 줄 때

⑤ 세금 체납 시

13. 전세보증금을 보호하기 위해 세입자가 설정하는 권리는?

① 저당권

② 가등기

③ 전세권

④ 지상권

⑤ 담보권

14. 남의 땅 위에 건물을 지을 수 있는 권리는?

① 저당권

② 지상권

③ 전세권

④ 대항력

⑤ 점유권

15. 근저당권이 설정되어 있다는 것의 의미는?

① 세입자가 들어와 있다.

② 세금이 체납되었다.

③ 은행 대출이 설정되어 있다.

④ 소유권이 이전되었다.

⑤ 건물이 철거 예정이다.

16. 등기부등본에서 금전적 권리가 많은 경우의 특징은?

① 빚이 많을 가능성이 높다.

② 소유권이 깨끗하다.

③ 개발 가능성이 높다.

④ 가격이 상승 중이다.

⑤ 입지가 우수하다.

17. 가등기가 갖는 의미는?

① 나중에 소유권을 이전하겠다는 예고

② 이미 소유권이 이전된 상태

③ 압류된 상태

④ 세입자 등록 상태

⑤ 대출금 상환 완료

18. 등기부등본을 통해 확인할 수 없는 정보는?

① 소유자 이름

② 집 면적

③ 건물 구조

④ 실제 임차인의 존재

⑤ 설정된 근저당

19. 전세권이 설정된 부동산의 특징은?

① 소유자가 직접 거주 중

② 세입자의 보증금 보호 목적

③ 매매가 불가능

④ 건축 중인 상태

⑤ 세금 체납 중

20. 근저당권이 말소되었다는 뜻은?

① 대출이 모두 상환되었다.

② 세입자가 퇴거했다.

③ 경매가 진행 중이다.

④ 가압류가 추가됐다.

⑤ 법원 등기 착오다.

21. 경매 후에도 낙찰자가 떠안아야 하는 권리는?

① 소멸권리

② 계약권리

③ 우선권리

④ 대항권리

⑤ 인수권리

22. 근저당, 가압류, 압류 등에 경매 후 일어나는 일은?

① 인수됨

② 소멸됨

③ 자동 승계됨

④ 양도됨

⑤ 유지됨

23. 말소기준권리의 의미로 옳은 것은?

① 낙찰가를 기준으로 정한 권리

② 소멸 여부를 판단하는 기준이 되는 권리

③ 세입자의 권리

④ 소유자 명의의 권리

⑤ 채권자의 우선순위 권리

24. 말소기준권리보다 먼저 생긴 권리에게 일어나는 일은?

① 소멸된다.

② 인수된다.

③ 무효가 된다.

④ 자동 말소된다.

⑤ 보류된다.

25. 세입자가 주택에 실제로 거주하면서 전입 신고를 마친 경우 취득하는 권리는?
① 근저당권
② 전세권
③ 지상권
④ 확정권
⑤ 대항력

26. 확정일자를 받고 대항력까지 갖춘 임차인 이 행사할 수 있는 권리는?
① 점유권
② 우선변제권
③ 경매권
④ 청구권
⑤ 보류권

27. 대항력과 우선변제권의 차이로 옳은 것은?
① 대항력은 거주 보호, 우선변제권은 돈 보호
② 대항력은 등기 필요, 우선변제권은 불필요
③ 대항력은 경매 시 보호 안 됨
④ 우선변제권은 세입자만 가짐
⑤ 둘 다 동일한 개념

28. 권리분석에서 가장 중요한 것은?
① 건물연식
② 낙찰가
③ 감정가
④ 입찰인 수
⑤ 권리 순서

29. 다음 중 낙찰자가 인수하지 않는 권리는?
① 법정지상권
② 대항력 있는 임차인
③ 근저당권
④ 확정일자 임차인
⑤ 말소기준권리보다 선순위 임차인

30. 권리분석에서 초보자가 가장 많이 하는 실 수는?
① 권리 순서 확인 누락
② 낙찰가 계산 실수
③ 건물면적 계산 실수
④ 주민등록 확인 생략
⑤ 세금 계산 착오

핵심 정리 코너

[재개발, 재건축]

부동산의 가치가 커지는 이유 중 하나는 바로 '낡은 지역이 새로 바뀌는 것',

즉 재개발과 재건축 때문이다.

이 두 사업은 도시를 새롭게 만드는 대표적인 정비사업이지만, 성격과 절차가 다르다.

7-1 재개발과 재건축의 차이

재개발이란?

"낡은 동네를 통째로 새로 짓는 것"이다.

즉, 오래된 주거지 전체를 새롭게 만드는 '도시 단위 정비사업'이다.

도로가 좁고 상하수도 시설이 오래되어 불편한 곳,

보통 좁은 골목, 빽빽한 다가구·빌라 지역이 대상이다.

주택뿐만 아니라 도로, 하수도, 전기선, 공원, 학교 등 도시 인프라 전체를 새로 구축한다.

건물뿐 아니라 도로, 하수도, 공원 등 생활 인프라를 전면 정비하는 사업이다.

즉, **기반시설 + 주택 모두 새로 바꾸는 것이 핵심이다.**

재건축이란?

"건물만 낡아서 새로 짓는 것"이다.

재건축은 아파트 단지처럼 이미 인프라는 갖춰져 있지만,
건물 노후화나 안전 문제로 인해 새로 짓는 '건물 중심 정비사업'이다.
아파트 단지가 오래되어 구조적으로 위험하거나 노후화된 경우 진행된다.
도로나 상하수도는 그대로 두고, 건물만 철거 후 신축하는 형태를 말한다.

구분	재개발	재건축
대상 지역	노후 주택 밀집지역 (단독·다가구·빌라 등)	노후 아파트 단지
개선 범위	주택 + 도로·상하수도 등 기반시설	아파트 건물 중심
주체	주민 + 지자체 협의	아파트 조합 중심
필요 요건	도시환경 불량, 인프라 노후	구조적 안전 D등급 이하, 노후도 30년 이상
대표 사례	구도심 주거지 정비	1980~90년대 준공 아파트 단지
사업 성격	도시 전체의 '리모델링'	단지 자체의 '재건축'
사업 리스크	행정절차 길고 해제 위험 있음	안전진단 통과가 관건

핵심(核心)

재개발: 낡은 동네 전체를 새로 만든다(도로·상하수도 포함)

재건축: 낡은 아파트만 다시 짓는다(시설은 그대로)

7-2 왜 가격이 오르는가?

재개발·재건축 지역은 시간이 지나면서 자연스럽게 가격이 오르는 구조이다.
이유는 다음과 같다.

① 주거 환경 개선 효과 - 낡은 동네가 새 아파트 단지로 변하면서 주거 질이 향상된다.
② 새 인프라 유입 - 도로, 학교, 상권, 공원 등 주변 환경이 좋아진다.
③ 희소성 상승 - 새 건물, 신축 단지로 바뀌면 주변 대비 희소가치가 생긴다.
④ 투자 기대감 - 개발이 확정되면 '미래 가치'를 기대하며 수요가 몰리게 된다.

상승 요인	설명
주거환경 개선	낡은 동네가 새 단지로 변하며 주거 질 향상
생활 인프라 확충	학교, 공원, 상권, 도로 등 기반시설 개선
희소성 증가	신축 아파트 공급이 한정되어 있음
미래가치 기대감	개발 확정·분양 호재로 투자 수요 집중

하지만, 가격이 오르기까지 10년 이상 걸릴 수 있고,
중간에 사업이 지연되거나 해제될 위험도 있기 때문에 장기투자 성격이 강하다.
따라서 단기투자보다는 장기적 안목이 필요하다.

재개발·재건축 사업은 단계가 많고 복잡해 보이지만,

재개발·재건축 핵심은 이렇게 정리하면 된다.

순서는 추진위원회 → 조합 설립 → 사업시행인가 → 관리처분인가 → 이주·철거 → 분양·입주 이렇게 된다.

① 추진위원회 승인: 주민들이 모여 "이 동네 새로 짓자" 시작하는 단계
② 조합 설립 인가: 구청에서 공식적으로 조합이 승인받는 단계
③ 사업시행 인가: 구체적인 설계도와 사업계획이 승인되는 단계
④ 관리처분 인가: 기존 조합원에게 새 아파트 몇 평형이 배정되는지 확정
⑤ 이주 및 철거: 기존 거주자 이사, 건물 철거
⑥ 분양 및 입주: 새 아파트 완공 후 일반분양과 입주

단계	주요 내용	특징
추진위원회 승인	주민 동의 후 구청 승인	'사업 시작' 신호탄
조합 설립 인가	조합 설립으로 법적 단체 인정	조합원 자격 확보 가능
사업시행 인가	구체적 설계, 건축계획 승인	사업이 본궤도에 오름
관리처분 인가	분양·배정 기준 확정	조합원별 평형 확정
이주 및 철거	주민 이사 및 철거 진행	실제 공사 시작 전 단계
분양 및 입주	일반분양 + 조합원 입주	사업 완성 단계

핵심(核心)

초기 단계일수록 가격이 저렴하지만, 리스크가 크다.

후기 단계일수록 안전하지만, 이미 가격이 반영되어 수익률이 낮다.

7-4 투자 시 주의할 점

첫 번째,
재개발·재건축은 일반 부동산보다 훨씬 복잡하다.

두 번째,
재개발·재건축 투자는 '시간·정보·계산'이 핵심이다.

중요 ★★★
다음 포인트를 반드시 체크해야 한다.

① 조합원 자격: 언제까지 매입해야 조합원이 될 수 있는지 확인
② 권리가액 vs 분담금: 내가 받을 평형과 추가 부담금을 계산
③ 추진 단계: 초기·중기·후기 어디쯤인지에 따라 리스크 다름
④ 정비구역 해제 위험: 사업 지연 시 구역이 해제되어 투자금 손실 가능
⑤ 세금 및 규제: 투기과열지구, 조합원 1인 1주택 제한 등 법적 제약 확인

구분	확인 포인트
조합원 자격	언제 매입해야 조합원으로 인정되는지 확인
권리가액	내가 받을 아파트 평형 계산
분담금	추가로 내야 할 금액(건축비 등)
단계별 리스크	초기 → 구역해제, 후기 → 가격 상승
세금·규제	투기과열지구, 재당첨 제한 등 법적 제약
사업속도	지연 시 투자금 묶임 가능성

핵심(核心)
"싸게 사서 오래 기다리면 오를 수 있지만, 그 사이의 불확실성을 감당할 수 있어야 한다."
즉, "싸게 사서 오래 기다린다"는 단순 공식 뒤에는 복잡한 절차와 리스크 관리가 숨어 있다.

7-5 재개발·재건축이 지역에 미치는 영향

재개발·재건축은 도시를 바꾸는 사업이다.
새로운 아파트와 상가가 들어서면 지역 인구가 늘고, 소비가 활발해지며 상권이 커진다.

하지만 동시에 원주민 이주와 임대료 상승(젠트리피케이션) 문제도 생긴다.
따라서 도시 발전에는 도움이 되지만, 사회적 균형도 함께 고려해야 하는 사업이다.

따라서, 도시 발전과 사회적 균형을 함께 고려한 접근이 필요하다.

재개발은 '동네 전체를 바꾸는 힘', 재건축은 '집 자체의 가치를 바꾸는 힘'이에요. 두 사업의 목적을 이해하면, 어디에 돈이 몰리고 어떤 지역이 먼저 변하는지 보이기 시작합니다.

요약정리 - 재개발 vs 재건축, 이렇게 기억하세요.
✔ 재개발 = 동네 전체 리뉴얼
✔ 재건축 = 건물만 새로 짓기

재개발 = 도시 정비 + 생활 인프라 개선 + 주거환경 전체 업그레이드
재건축 = 건물 신축 + 주거 품질 개선 + 기존 단지 가치 상승

① 재개발은 낡은 (   )를 새로 정비하는 사업으로, 도로·상하수도 같은 (   )도 함께 개선된다.

② 재건축은 (   )만 노후되어 철거 후 새로 짓는 사업이다.

③ 재개발·재건축 지역의 가격이 오르는 이유는 (   )과 (   ) 개선 때문이다.

④ 추진위원회 승인 → 조합설립인가 → (   ) 인가 → 관리처분인가 → 이주·철거 → 분양·입주의 순서로 진행된다.

⑤ 재개발·재건축 투자 시에는 (   )과 (   ) 시점, 그리고 (   ) 해제 위험을 반드시 확인해야 한다.

☑ 정답
① 지역 전체/기반 시설 ② 건물 ③ 주거환경/인프라 ④ 사업시행 ⑤ 조합원 자격/추진 단계/정비구역

수진쌤의 소곤소곤 <도시는 천천히 변하고, 그 변화를 읽는 사람이 이겨요>

재개발·재건축이라는 단어를 들으면 가슴이 먼저 두근거리는 분들이 참 많아요.

"저기 곧 뜬다는데요?"
"여기 재개발 들어가면 2배 된다던데요!"

이런 말들, 어디서든 한 번쯤 들어 보셨죠?
그런데 저는 늘 이렇게 말해요.

"도시는 절대 하루아침에 변하지 않아요."

도시는 아주 느리게, 그리고 아주 정확하게 변해요.
길이 놓이고, 사람들이 모이고, 학교와 상권이 자리를 잡고… 이 모든 과정이 시간이 걸리죠.
그래서 재개발·재건축은 "빨리 돈 벌기"가 아니라 도시가 변하는 흐름을 읽는 투자예요.
어떤 곳이 왜 낡았고, 왜 새로 짓는지, 그 지역 사람들의 생활이 어떻게 달라질지.
이걸 이해하는 사람이 결국 크게 성공해요.

저는 강의를 하면서 '정보만 믿고 뛰어든 사람'보다 '한 걸음 물러서서 흐름을 본 사람'이
더 좋은 결과를 내는 걸 정말 많이 봤어요.

재개발은 유행을 따라가는 게 아니라 미래를 읽는 일이에요.
그리고 그 미래는 늘 '현실적인 속도'를 가지고 움직여요.

혹시 지금도 마음이 조급하신가요?
남들은 다 벌고 있는 것 같은가요?

그럴수록 더 천천히 봐야 해요.
왜냐하면 도시의 변화는 성급한 사람에게 상처를 주지만,
관찰하고 기다릴 줄 아는 사람에게는 정말 큰 선물을 주거든요.

도시는 계속 변하고 있어요. 그리고 그 변화를 누구보다 먼저 읽는 사람이…
조용히, 그러나 확실하게 이기게 됩니다.

— 수진쌤의 조용한 소곤소곤

1. 재개발 사업의 주된 목적은?

① 신축 아파트 분양을 위한 사업

② 낡은 지역 전체의 기반 시설과 주택을 정비하는 것

③ 건물 리모델링 사업

④ 토지 분할 사업

⑤ 상가 임대 수익 사업

2. 재건축 사업의 주요 대상은?

① 노후 단독주택 밀집 지역

② 신축 빌라 단지

③ 노후 아파트 단지

④ 상가 밀집 상권

⑤ 개발제한구역

3. 재개발과 재건축의 가장 큰 차이는?

① 건물 높이

② 기반 시설 포함 여부

③ 사업 주체

④ 건축 자재

⑤ 용도지역

4. 다음 중 재개발 사업의 대상이 아닌 곳은?

① 오래된 빌라 지역

② 기반 시설이 부족한 구도심

③ 신축 아파트 단지

④ 도로가 좁은 노후 주거지

⑤ 상하수도 노후 지역

5. 재건축이 추진될 수 있는 경우는?

① 안전진단 C등급 이상

② 노후도 10년 이하

③ 노후도 30년 이상, 안전진단 D등급 이하

④ 기반 시설 부족

⑤ 도시계획구역 외 지역

6. 재개발 사업이 완료된 지역에 생기는 변화는?

① 인구 감소

② 도로 축소

③ 기반 시설 개선 및 신축 단지 형성

④ 세금 감소

⑤ 상권 쇠퇴

7. 재개발은 ( ) 중심, 재건축은 ( ) 중심 사업이다.

① 건물/도로

② 도로/건물

③ 토지/인프라

④ 상가/주택

⑤ 상권/교통

10. 재개발은 주로 ( ) 중심, 재건축은 ( ) 중심이다.

① 공공/민간

② 민간/공공

③ 도시/단지

④ 상가/도로

⑤ 아파트/빌라

8. 재개발과 재건축이 가격 상승 요인으로 작용하는 이유는?

① 공급량 감소

② 건축비 인상

③ 주거환경 개선과 인프라 확충

④ 세금 감면

⑤ 외국인 투자 제한

11. 재개발 · 재건축 사업의 첫 번째 단계는?

① 사업시행 인가

② 조합 설립

③ 추진위원회 승인

④ 관리처분 인가

⑤ 이주 및 철거

9. 재건축 추진을 위해 필수적으로 통과해야 하는 절차는?

① 안전진단

② 분양가상한제

③ 환경영향평가

④ 주민투표

⑤ 도시계획 수립

12. 조합 설립 인가 후, 할 수 있는 일은?

① 추진위원회 구성

② 사업시행 인가 신청

③ 입주자모집 공고

④ 분양가 산정

⑤ 철거 착수

13. 관리처분 인가 단계에서 결정되는 것은?

① 조합원 자격

② 사업지 위치

③ 분양가

④ 조합원별 배정 평형

⑤ 시공사 선정

16. 추진위원회 단계의 주요 역할은?

① 설계도 승인

② 주민 동의 및 사업 준비

③ 시공사 선정

④ 입주자 모집

⑤ 건축허가 신청

14. 재개발·재건축 사업에서 실제 공사가 시작되는 시점은?

① 사업시행 인가 후

② 관리처분 인가 후

③ 조합 설립 인가 후

④ 추진위원회 승인 후

⑤ 이주계획 수립 전

17. '사업시행 인가'가 의미하는 것은?

① 법적으로 사업 시행이 승인된 상태

② 입주가 완료된 상태

③ 분양이 확정된 상태

④ 조합원 모집 중

⑤ 추진위원회가 해체된 상태

15. 다음 중 사업 단계의 옳은 순서는?

① 추진위원회 → 조합설립 → 관리처분 → 사업시행

② 조합설립 → 추진위원회 → 사업시행 → 관리처분

③ 추진위원회 → 조합설립 → 사업시행 → 관리처분

④ 조합설립 → 사업시행 → 관리처분 → 추진위원회

⑤ 추진위원회 → 관리처분 → 조합설립 → 사업시행

18. 관리처분 인가 후 조합원이 받게 되는 권리는?

① 분양권

② 매수청구권

③ 임차권

④ 전세권

⑤ 사용승인권

19. '이주 및 철거' 단계에서 주의할 점은?

① 조합원 분양가 확정

② 임차인 보상 및 이사비 지급

③ 시공사 선정

④ 도시계획 변경

⑤ 분양대금 납부

20. 일반분양이 이루어지는 단계는?

① 조합설립 인가 후

② 사업시행 인가 후

③ 관리처분 인가 후

④ 이주 및 철거 완료 후

⑤ 추진위원회 단계

21. 재개발·재건축 투자 시 가장 먼저 확인해야 할 것은?

① 조합원 자격과 권리가액

② 시공사 브랜드

③ 분양가 상한제 적용 여부

④ 층수 제한

⑤ 주변 카페 수

22. '권리가액'이 의미하는 것은?

① 분양가에서 세금 뺀 금액

② 내가 받을 평형을 정하는 기준 금액

③ 건축비 단가

④ 토지 감정가

⑤ 대출 가능 금액

23. '정비구역 해제'가 의미하는 상황은?

① 사업이 조기 완료된 경우

② 행정 절차가 끝난 경우

③ 주민 반대나 지연으로 구역 지정이 취소된 경우

④ 분양이 조기 마감된 경우

⑤ 조합이 해산된 경우

24. 다음 중 재개발·재건축 투자 시 발생할 수 있는 리스크는?

① 정비구역 해제

② 사업 지연

③ 추가 분담금 증가

④ 조합 내 갈등

⑤ 모두 해당

25. 사업 단계가 초기에 위치할수록 특징은?

① 리스크 높고 가격 낮음

② 리스크 낮고 가격 높음

③ 분양이 확정됨

④ 안전진단 완료됨

⑤ 입주 예정자 확정됨

26. 투기과열지구 내 재건축 단지 투자 시 제한되는 것은?

① 외국인 투자

② 조합원 1인 1주택 원칙

③ 토지거래허가

④ 재분양 금지

⑤ 대출한도 증가

27. 조합원 분담금이 늘어나는 주요 원인은?

① 건축비 상승

② 시공사 변경

③ 금리 상승

④ 환율 변동

⑤ 분양가상한제 폐지

28. 재개발·재건축 지역에서 자주 나타나는 사회적 문제는?

① 젠트리피케이션(원주민 이주)

② 교통체증 감소

③ 임대료 하락

④ 상권 침체

⑤ 인구 감소

29. 재건축 사업이 도시 전체보다는 제한된 지역에서 이루어지는 이유는?

① 건물 노후화 중심 사업이기 때문

② 정부 규제 때문

③ 주민 동의 부족 때문

④ 도시계획 변경 불가 때문

⑤ 상가보호법 때문

30. 재개발·재건축이 도시 발전에 미치는 긍정적 효과로 옳은 것은?

① 주거환경 악화

② 기반 시설 노후화

③ 지역 가치 상승 및 상권 활성화

④ 인구 감소

⑤ 공공서비스 축소

8장. 부동산 시세 조사 방법

 핵심 정리 코너

[시세 조사에 대해 알아보자]
부동산 투자의 기본은 '가격 감각'을 갖는 것이다.

같은 지역, 같은 평형대라도 시세를 잘못 파악하면
싸다고 생각한 물건이 실제로는 비싸게 살 수도 있고,
비싸 보여도 사실은 저평가된 '기회 물건'일 수도 있다.

시세 조사는 어렵지 않다.
요즘은 온라인 플랫폼을 활용하면 누구나 쉽게 할 수 있다.

(1) 신뢰할 수 있는 정보를
(2) 여러 채널로 비교하며
(3) 현재와 과거 흐름을 함께 보는 것이다.

8-1 왜 시세 조사가 중요한가?

부동산 공부의 시작은 '시세 감각'을 키우는 것이다.

시세를 정확히 알아야 이 집이 비싼지, 싼지, 경매에 참여할 때 얼마까지 써야 하는지, 앞으로 오를 여지가 있는지를 판단할 수 있다.

많은 초보 투자자들이 '싼 것 같아서 샀는데, 알고 보니 시세보다 비쌌다'는 실수를 하게 된다. 이유는 단 하나! 시세 조사를 제대로 안 했기 때문이다.

시세 조사는 감이 아니라 데이터 비교로 해야 한다.
즉, 감정이 아닌 '객관적인 근거'로 가격을 읽는 습관을 들이는 게 핵심이다.

8-2 시세 조사에 꼭 알아야 할 두 가지 개념

1) 실거래가: 실제 계약이 이루어져 정부에 신고된 진짜 거래 가격
→ 현실 반영도가 높음, 기준이 명확함

2) 호가: 집주인이 "이 가격에 팔겠다"라고 내건 희망 가격
→ 시장 분위기나 심리에 따라 달라짐
→ 실거래가보다 보통 5~15% 높게 형성됨

구분	의미	특징	예시
실거래가	실제로 계약이 체결되어 정부에 신고된 가격	반영도 높음, 신뢰도 높음	국토부 실거래가 공개시스템
호가	집주인이 '이 정도면 팔겠다'고 내놓은 희망 가격	심리 반영, 시장 분위기 영향 큼	네이버 부동산 매물가

즉,

실거래가 = 진짜 거래된 금액(사실)

호가 = 집주인이 부르는 가격(심리)

따라서 시세를 볼 때는 **"실거래가를 기준으로, 호가와의 차이를 참고"**해야 한다.

핵심(核心)

실거래가보다 호가가 많이 올라가 있다면, "시장에 기대감이 커졌다"는 뜻이고,

반대로 호가가 떨어지고 거래가 적다면 "시장에 관망세가 돌아왔다"는 신호다.

8-3 시세 조사할 때 사용하는 주요 사이트

요즘은 시세 조사를 어렵게 하지 않아도 된다. 핸드폰 하나면 대부분의 정보가 열린다.

다만, 사이트마다 제공하는 정보의 성격이 달라서 **"교차 확인"**이 꼭 필요하다.

구분	사이트명 특징	활용 포인트
일반 매물	네이버 부동산 매물 수가 많고 지역별 검색이 쉬움	매매 · 전세 · 월세 시세 확인 가능
실거래 중심	국토부 실거래가 공개시스템	실제 거래된 가격만 나옴 시세의 '진짜 기준선'을 파악할 수 있음
아파트 중심	호갱노노, 아실(아파트 실거래가)	단지별 시세 변동, 거래량, 호가 표시 가격 추세와 분위기 확인용
경매 특화	지지옥션, 굿옥션 경매 물건의 감정가 · 낙찰가 · 시세 비교	경매 입찰가 산정 시 유용

8-4 실거래가와 호가의 차이를 읽는 법

실거래가 5억인데 호가가 5.5억이라면?
→ 시장이 상승 기대감이 크거나 매물이 부족함

실거래가 5억인데 호가가 4.7억이라면?
→ 급매, 거래 침체, 하락 분위기

즉, 실거래가와 호가의 차이 폭이 바로 시장 온도계다.
초보자는 무조건 "호가=시세"로 착각하는데, 시세는 실거래 중심으로 봐야 한다.

8-5 주변 단지와의 비교가 필수인 이유

부동산의 가치는 상대적이다.
같은 지역이라도 아파트 단지마다 가격이 다르다.

그래서 시세 조사를 할 때는 '비교 기준'을 세워야 한다.

예를 들어, 같은 평형대(전용 84㎡ 기준). 비슷한 입지(역세권, 학교 근처 등), 비슷한 연식(신축 vs 구축), 관리 상태(리모델링 여부 등)를 비교해야 정확한 '시세 범위'를 알 수 있다.

● 비교 공식

✔ 비슷한 조건인데 가격이 싸다 → 저평가 가능성

→ 입지·연식·학군·교통이 유사한데 가격만 낮다면?

시장에 아직 반영되지 않은 숨은 가치일 수 있다.

✔ 비슷한 조건인데 가격이 비싸다 → 고평가 또는 프리미엄

→ 동일 조건 대비 지나치게 비싸다면?

이미 미래가 반영된 가격, 혹은 특정 장점(학군·브랜드·세대수 등)이 포함된 것이다.

비교 기준	A아파트	B아파트	내가 보는 시점
준공연도	2008	2005	3년 차이는 가격에 크게 영향 없음. 동일 연식군으로 비교 가능.
세대수	1,200세대	350세대	대단지(A)가 선호도·가격 방어력 더 강함. A = 상승 탄력 ↑
역세권 여부	도보 10분	도보 18분	역 접근성 차이는 가격 차이를 만들기 충분함.
학군	초·중 가까움	초등학교는 멀고 중학교는 버스	A가 실거주 수요를 더 받기 쉬움.
브랜드	대형사 브랜드	지역 건설사	브랜드 차이는 곧 가격 차이.
실거래가(최근)	4.8억	4.7억	조건은 A가 더 좋은데 가격 차이가 거의 없음 → **A 저평가 가능성**

8-6 경매 물건 시세 파악 요령

경매는 일반 매물보다 싸게 살 수 있다는 장점이 있지만, 그만큼 입찰가를 잘못 정하면 손해를 볼 수도 있다. 경매 시세 조사 핵심은 '감정가'와 '실거래가'의 차이다.

감정가란?

법원이 지정한 기준 가격

→ 감정 당시 시세보다 10~20% 낮게 책정되는 경우 많음

따라서 입찰 시에는 "현재 실거래가를 기준으로" 입찰가를 정해야 안전하다.

핵심(核心)

시세 조사의 목적은 '가격'을 보는 게 아니라 '시장 흐름'을 읽는 것이다.

단순히 숫자만 확인하는 것이 아니라, 왜 가격이 그렇게 형성됐는지 앞으로 어떤 방향으로 움직일지를 함께 보는 것이 진짜 공부다.

시세 조사를 꾸준히 하다 보면 자연스럽게 "이 지역은 싸다/비싸다/괜찮다"가 감으로 들어오고, 그것이 곧 부동산 감각이다.

8-7 시세 조사 체크리스트

구분	질문	체크
비교 대상 단지	주변에 비슷한 아파트가 있는가?	
실거래가	최근 3~6개월 거래금액은 얼마인가?	
호가	실거래가 대비 얼마나 차이 나는가?	
거래량	거래가 활발한가, 멈춰 있는가?	
시장 분위기	상승세인가, 보합세인가, 하락세인가?	
개발 호재	인근에 교통·산업·학군 변화가 있는가?	
전세가율	매매가 대비 전세가가 안정적인가?	
경매가 비교	감정가·낙찰가가 시세와 얼마나 차이 나는가?	

확인 문제

① 부동산 시세를 정확히 파악하려면 감정이 아니라 (   )로 비교해야 한다.

② (   )는 실제 계약이 이뤄져 정부에 신고된 금액으로, 부동산 시세의 기준이 되는 '진짜 거래 가격'이다.

③ (   )는 집주인이 "이 정도면 팔겠다"고 내놓은 희망 가격으로, 시장 심리와 분위기를 반영하지만 실제 거래금액과는 다를 수 있다.

④ 경매에서 책정되는 (   )는 통상 시세보다 약 10~20% 낮게 산정되며, 입찰가를 정할 때는 현재 실거래가를 기준으로 판단해야 한다.

⑤ 시세 조사의 목적은 단순한 '가격 확인'이 아니라 시장 (   )을 읽고, 앞으로의 방향성을 파악하는 것이다.

☑ 정답
① 데이터(또는 객관적인 정보) ② 실거래가 ③ 호가 ④ 감정가 ⑤ 흐름

수진쌤의 소곤소곤 <부동산 시세 조사 방법>

"시세는 숫자가 아니라 '사람들의 마음'이에요."

시세 조사를 하다 보면, 많은 분이 가격표만 들여다봐요.
KB시세 얼마, 국토부 실거래 얼마, 네이버 부동산 매물 얼마…
물론 중요하죠. 그런데 그것만으로는 '진짜 시세'에 닿을 수 없어요.

시세는 결국 사람들이 이 동네를 얼마나 사고 싶어 하는지,
얼마에 팔고 싶어 하는지에 대한 집단적인 마음의 평균값이에요.
그래서 시세 조사는 단순히 '검색'이 아니라 온몸으로 느끼는 과정이 되어야 해요.

저는 지금도 임장을 나가면,
부동산 사장님과의 짧은 대화에서 더 많은 걸 얻어요.

"어떤 타입이 제일 빨리 나가요?"
"최근에 바로 거래된 매물 있어요?"
"요즘 손님들 어떤 타입 물어봐요?"

이렇게 몇 마디만 나눠도 표에서 보이지 않는 '숨은 온도'가 잡혀요.
그리고 그 온도가 시세를 만들어요.
데이터는 숫자지만, 시세는 '온도'예요.

그러니까 너무 어렵게 생각하지 마세요.
지도 한 번 펴보고, 매물 검색해 보고, 동네 돌아보고,

그리고 사람들과 이야기해 보는 것만으로도
이미 여러분은 시세 조사 반 이상 끝내고 있는 거예요.

시세는 책상이 아니라 거리에서 완성돼요.
발로 뛰고 눈으로 보고 귀로 듣다 보면
어느 순간, 숫자가 아니라 '감'이 잡혀요.

그 감이 바로 투자자의 무기가 됩니다.

– 수진쌤의 조용한 소곤소곤

1. 부동산 시세 조사에서 가장 먼저 확인해야 하는 것은?
① 건물 층수
② 실거래가
③ 외국인 투자 여부
④ 주변 상권
⑤ 관리비 수준

2. 시세 조사의 핵심 목표는?
① 호가만 확인하기
② 시장 흐름과 가격 범위를 이해하기
③ 계약서 작성법 배우기
④ 단지별 평형 비교
⑤ 인근 상가 임대료 확인

3. 다음 중 '실거래가'에 대한 설명으로 옳은 것은?
① 집주인이 부르는 희망 가격
② 실제 거래 후 신고된 가격
③ 경매 감정가격
④ 예상 매매가
⑤ 임차인 요구 금액

4. 다음 중 '호가'에 대한 설명으로 옳은 것은?
① 실제 거래된 금액
② 정부에 신고된 가격
③ 집주인이 부르는 희망 매매가
④ 경매 낙찰가
⑤ 시세 평균값

5. 호가와 실거래가를 함께 보는 이유는?
① 집주인 심리와 실제 거래를 비교하기 위해
② 매물 사진 확인용
③ 층수 비교
④ 주변 상권 분석
⑤ 부동산 세금 계산

6. 실거래가보다 호가가 높게 형성되는 이유는?
① 정부 규제 때문
② 시장 기대감 및 매물 부족
③ 단지 노후도 낮음
④ 임차인 증가
⑤ 전세가율 낮음

7. 시세 조사 시 '주변 단지 비교'를 하는 이유는?

① 단지별 건축자재 확인

② 상대적 가치와 가격 수준 확인

③ 관리비 비교

④ 층별 전망 확인

⑤ 세대 수 파악

8. 부동산 시세 조사에서 가장 신뢰할 수 있는 정보는?

① 온라인 호가

② 신문 광고 매물

③ 실거래가

④ SNS 후기

⑤ 부동산 중개사 추천

9. 시세 조사에서 '전세가율'이 중요한 이유는?

① 임대 수익률과 투자 안정성을 판단하기 위해

② 매매계약서 작성

③ 아파트 평형 확인

④ 층수별 전망 파악

⑤ 세금 신고

10. 초보자가 시세 조사에서 가장 먼저 익혀야 할 사이트는?

① 국토부 실거래가

② 부동산 뉴스

③ 부동산 커뮤니티

④ 블로그 후기

⑤ 상가 임대포털

11. '네이버 부동산'의 정보 특징은?

① 실거래만 표시

② 현재 매물과 호가 중심

③ 경매 감정가만 표시

④ 정부 신고가 기반

⑤ 분양가 기준

12. '호갱노노'나 '아실' 사이트의 주요 장점은?

① 아파트 단지별 가격 그래프와 거래량 확인 가능

② 단독주택 매물만 조회 가능

③ 경매만 분석 가능

④ 세금 신고 자료 제공

⑤ 임차인 계약 정보 제공

13. 경매 감정가는 보통 시세보다
(   ) 정도 낮게 책정된다.
① 0~5%
② 5~10%
③ 10~20%
④ 20~30%
⑤ 30~40%

16. 시세 조사에서 '데이터 교차 검증'이 중요한
이유는?
① 하나의 정보만 믿으면 실제 시장과 차이가
   날 수 있기 때문
② 사진 확인
③ 층수 계산
④ 세대 수 파악
⑤ 관리비 비교

14. 경매 물건 입찰가 산정 시 가장 중요한 기준은?
① 감정가
② 호가
③ 최근 실거래가
④ 층수
⑤ 건축 연도

17. 시세 비교 시, 평형과 연식을 고려해야 하는
이유는?
① 가격 차이를 정확히 판단하기 위해
② 층수 차이를 계산하기 위해
③ 건축비용 확인
④ 관리비 확인
⑤ 단지 이름 비교

15. 최근 6개월간 거래가 없는 단지의 호가를
보면, 시장은?
① 활발한 상승세
② 거래 침체 또는 관망세
③ 공급 과잉
④ 투자 적기
⑤ 경매가 높음

18. 실거래가 5억, 호가가 5.5억일 경우, 이
상황이 의미하는 것은?
① 급매물
② 상승 기대감 또는 매물 부족
③ 거래 침체
④ 가격 안정
⑤ 경매 낙찰가

19. 시세 조사 시 '개발 호재' 체크가 중요한 이유는?
① 가격 상승 가능성 판단
② 단지 층수 확인
③ 관리비 절약
④ 전세 계약 확인
⑤ 건축 연도 확인

20. 시세 조사에서 숫자뿐만 아니라 또 보아야 하는 것은?
① 시장 흐름과 가격 변화 추이
② 층수
③ 아파트 면적
④ 관리비
⑤ 조경 상태

21. 경매 감정가 4.5억, 최근 낙찰가율 85%, 실거래가 5억일 때, 안전한 예상 입찰가는?
① 4.0억
② 4.8억
③ 5.2억
④ 3.5억
⑤ 5.5억

22. 부동산 시세 조사에서 '거래량' 확인이 중요한 이유는?
① 활발하면 가격 신뢰도가 높음, 적으면 관망세 의미
② 층수 결정
③ 평형 결정
④ 세대 수 확인
⑤ 관리비 계산

23. 시세 조사에서 '상대적 가격 비교'가 의미하는 것은?
① 면적만 비교
② 건축 연도만 비교
③ 층수만 비교
④ 관리비만 비교
⑤ 주변 비슷한 조건 단지와 비교

24. 시세를 보는 초보 투자자가 가장 먼저 익혀야 하는 감각은?
① 면적
② 층수
③ 관리비
④ 가격 흐름
⑤ 조경

25. 호가와 실거래가 차이가 크면?

① 거래 즉시 확정

② 입찰가 무조건 높게

③ 시장 분위기 확인 가능

④ 층수 비교

⑤ 단지명 변경

26. 경매 입찰가를 정할 때 중요한 순서는?

① 입주자 수 → 평형 → 시세

② 호가 → 감정가 → 층수

③ 관리비 → 면적 → 층수

④ 단지명 → 거래량 → 호가

⑤ 실거래가 → 감정가 → 낙찰가율 확인

27. '실거래가와 호가를 동시에 보는 것'의 장점은?

① 시장 심리와 현실 거래가 모두 이해 가능

② 층수 비교

③ 관리비 확인

④ 조경 상태 확인

⑤ 전세 계약 확인

28. '전세가율'이 높을수록 의미하는 것은?

① 거래량 증가

② 층수 상승

③ 관리비 상승

④ 전세금 대비 매매가가 높아, 임대 수익 안정성 낮음

⑤ 입주자 증가

29. 시세 조사에서 주의해야 할 점은?

① 평형만 확인

② 단일 사이트만 믿지 말고 여러 사이트 교차 확인

③ 층수만 확인

④ 관리비만 확인

⑤ 조경만 확인

30. 초보자가 시세 조사 후 판단해야 할 최종 포인트는?

① 조경 상태 확인

② 층수 확인

③ 면적 비교

④ 관리비 확인

⑤ 가격이 저평가인지 고평가인지, 시장 흐름 읽기

9장. 실패하지 않는 초보자 전략

 핵심 정리 코너

부동산 초보자가 가장 쉽게 실수하는 것은 '**무리한 욕심**'과 '**준비 부족**'이다.

투자 실패를 줄이려면, 단순히 물건을 보는 것만이 아니라
자금, 입찰, 시세, 권리분석 등 여러 단계를 체크해야 한다.

9-1 무리한 대출의 위험성

은행 대출은 투자 규모를 키워주지만, 빚이 과하면 위험하다.
대출금이 많으면 월 이자 부담으로 현금흐름이 막히고,
예상치 못한 변수가 생겼을 때 손실로 이어질 수 있다.
초보자는 자기 자금 기준 50~70% 이내로 안전하게 투자 시작 권장한다.

9-2 입찰가 잘못 쓰는 실수

경매에서 흔히 발생하는 실수는 시세보다 높은 금액으로 입찰하는 것이다.
감정가만 보고 입찰하거나, 호가 기준으로 판단하면 손해를 볼 가능성이 있다.
반드시 실거래가 + 최근 낙찰가 통계 + 감정가율을 종합해 입찰가 설정해야 한다.

9-3 시세 조사 부족으로 인한 손실

시세를 제대로 조사하지 않으면, '싸다'고 판단한 물건이
실제로는 시장가보다 비싸게 낙찰될 수 있다.
초보자는 최소한 3~5개 단지 비교 + 실거래가 + 호가 확인이 필수적이다.

9-4 권리분석 오류 사례

등기부등본을 잘못 읽거나 근저당, 가압류, 전세권 등을 간과하면 낙찰 후 곤란한 상황 발생할
수 있다. 낙찰자가 인수해야 할 권리/소멸되는 권리를 정확히 확인해야 하며, 법원 경매 정보 +
등기부 확인을 병행해야 안전하다.

9-5 초보자가 지켜야 할 안전 투자 원칙

자금 안전: 대출 과다 금지, 여유 자금 확보
입찰 안전: 시세 대비 합리적 입찰가 설정
권리 안전: 등기부·권리분석 철저
시장 조사: 단지별, 지역별 시세 흐름 확인
작은 규모부터 시작: 경험 쌓기, 리스크 최소화

"작게, 안전하게, 꼼꼼하게"

 수진쌤의 한마디

초보 투자자는 한 번에 큰 수익보다 손실 방지와 경험 축적이 우선입니다.

① 초보자가 경매 참여 시 무리하게 (   )을 늘리면 현금흐름 문제와 위험이 커진다.

② 감정가만 보고 입찰하면 (   ) 가능성이 높다.

③ 시세 조사를 하지 않으면 '싸다'고 판단한 물건이 실제로는 (   )될 수 있다.

④ 낙찰자가 반드시 확인해야 하는 것은 (   )과 소멸되는 권리이다.

⑤ 초보자가 지켜야 할 안전 투자 원칙의 핵심은 "(   ), 안전하게, 꼼꼼하게"이다.

☑ 정답
① 대출금 ② 손해 ③ 비싸게 낙찰 ④ 권리분석 ⑤ 작게

초보자분들을 만나면 가장 많이 듣는 말이 있어요.

"선생님, 저는 빨리 한 건 해 보고 싶어요."
"작게라도 당장 수익 내 보고 싶어요."
"이번 물건, 가면 되는 거죠?"

그 마음, 너무 잘 알아요.
처음엔 누구나 '빠른 성공'을 꿈꿔요.
나도 그랬어요. 하지만 시간을 지나 보니 알게 되었죠.
투자에서 가장 중요한 건 첫 수익이 아니라 첫 실패를 피하는 거예요.

초보자가 흔들리는 이유는 '못해서'가 아니에요.
공부가 부족해서도 아니고, 능력이 없어서도 아니고, 운이 안 좋아서도 아니에요.
대부분은 '몰라서 조심해야 할 걸 못 본 상태로 들어가서' 실수하는 거예요.

대출이 될 줄 알았는데 안 돼서 입찰가를 조금만 더 적었으면 됐는데
등기부 한 줄을 제대로 해석 못 해서 시세 조사를 대충 보고 들어가서
점유자 이야기를 너무 가볍게 듣거나 "설마"라는 마음으로 넘긴 작은 리스크가 터지고…
이런 이유로 초보자분들은 첫 시작에서 발을 헛디뎌요.

초보자 전략은 성장보다 '생존'이 먼저예요.
여기서 말하는 생존은 겁먹고 아무것도 안 하는 게 아니에요.
해야 할 것만 정확히 하고 하지 말아야 할 것을 확실히 피하는 것.
이게 초보자가 가장 빨리 성공하는 길이에요.

때로는 괜찮아 보이는 물건을 "안 한다."라고 결정하는 용기,
수익이 커 보이지만 리스크도 큰 물건을 "패스"하는 판단,
다른 사람들 다 간다 해도 "나는 안 해요."라고 말하는 중심, 이게 실력을 쌓는 과정이에요.

조금 더 천천히 가도 돼요.
부동산 투자는 빨리 달리는 사람이 이기는 게임이 아니에요.

넘어지지 않고 오래 걷는 사람이 가장 큰 수확을 가져가요.
무리하지 말고, 몰라서 하는 실수는 피하고,
하나씩 체크하고 넘어가면 어느 순간 여러분도 느낄 거예요.

"아, 이제 좀 보인다." "이제야 진짜 투자가 뭔지 알겠다."
그때부터 시작해도 절대 늦지 않아요.

마지막으로, 급해서 망한 사람은 많아도 천천히 해서 망한 사람은 거의 없어요.
걱정하지 말고, 조급해하지 말고, 확실할 때만 한 걸음씩.

여러분이 실패 없이 첫 투자를 지나고 나면
그다음부터는 정말 재미있는 세상이 펼쳐져요.

– 수진쌤의 조용한 소곤소곤

1. 초보자가 경매 참여 시 가장 위험한 행동은?

① 주변 단지 비교

② 무리한 대출

③ 시세 확인

④ 권리분석

⑤ 감정가 확인

2. 입찰가를 잘못 쓰면 발생할 수 있는 문제는?

① 층수 계산 오류

② 손해 발생

③ 관리비 증가

④ 단지 평형 혼동

⑤ 전세 계약 불가

3. 시세 조사를 제대로 하지 않으면 일어나는 일은?

① 물건 가격이 싸게 느껴질 수 있음

② 거래가 더 활발해짐

③ 낙찰가가 비싸게 됨

④ 경매 진행이 쉬워짐

⑤ 건축 연도 확인 가능

4. 권리분석에서 반드시 확인해야 할 것은?

① 단지 이름

② 근저당, 가압류, 전세권 등 권리

③ 평형

④ 층수

⑤ 관리비

5. 초보자가 지켜야 할 안전 투자 원칙의 핵심 키워드는?

① 크게

② 빠르게

③ 작게

④ 무리하게

⑤ 임의대로

6. 대출 과다로 인한 위험이 현실화한 사례는?

① 현금흐름 막힘, 추가 수리비 부담

② 입찰가 잘못 쓰기

③ 권리분석 누락

④ 시세 조사 부족

⑤ 층수 혼동

7. 입찰가를 설정할 때 반드시 확인해야 하는
것은?

① 조경 상태만

② 단지 평형만

③ 층수만

④ 관리비만

⑤ 감정가, 실거래가, 최근 낙찰가율

8. 시세 조사 최소 기준으로 확인해야 할 단지는?

① 주변 1~2개 단지

② 최소 3~5개 단지

③ 단지명만 확인

④ 층수만 비교

⑤ 관리비만 확인

9. 권리분석 오류로 발생할 수 있는 문제는?

① 전세금 반환 문제

② 층수 계산 오류

③ 관리비 증가

④ 단지 이름 혼동

⑤ 면적 계산

10. 초보자가 안전하게 시작할 때 가장 중요한
요소는?

① 작은 규모, 경험 축적

② 무리한 대출

③ 감정가만 보고 입찰

④ 시세 조사 생략

⑤ 권리분석 미확인

11. 감정가만 보고 입찰하면 발생 가능한 문제는?

① 단지 이름 혼동

② 층수 혼동

③ 관리비 증가

④ 조경 확인

⑤ 시세보다 높게 입찰 → 손해

12. 시세 조사를 하지 않아 손해 본 사례는?

① 주변 단지 실거래가 확인 안 함 → 낙찰가
  과다

② 층수 확인 실패

③ 관리비 확인 실패

④ 조경 상태 확인

⑤ 세대 수 확인

13. 권리분석 오류의 대표 사례는?

① 층수 혼동

② 전세권 누락 → 반환 문제

③ 관리비 계산 오류

④ 단지 이름 혼동

⑤ 평형 혼동

14. 시세 조사 시 확인해야 할 사항이 아닌 것은?

① 단지별 비교

② 실거래가 확인

③ 호가 확인

④ 권리분석

⑤ 전세가율 확인

15. 입찰가 설정 시 종합해야 할 요소는?

① 실거래가 + 감정가 + 낙찰가율

② 층수 + 조경

③ 관리비 + 단지 이름

④ 평형 + 면적

⑤ 전세가율만

16. 무리한 대출이 위험한 이유는?

① 조경 상태 확인

② 단지 평형 확인

③ 층수 혼동

④ 관리비 증가

⑤ 현금흐름 부담, 변동금리 위험

17. 시세 조사에서 '전세가율'을 확인하는 이유는?

① 임대 수익 안정성과 가격 판단

② 층수 확인

③ 조경 확인

④ 관리비 확인

⑤ 면적 확인

18. 낙찰 후 문제가 발생하지 않기 위해 해야 하는 일은?

① 단지 이름만 확인

② 감정가만 확인

③ 층수만 확인

④ 권리분석 철저 + 시세 확인 + 안전 입찰

⑤ 관리비만 확인

19. 입찰가를 감정가 기준으로만 설정했을 때 일어날 수 있는 일은?
① 시장가보다 높거나 낮아 손해 가능
② 안전한 투자
③ 거래 즉시 확정
④ 층수 비교 가능
⑤ 조경 확인

20. 안전한 투자 원칙에서 '작게 시작'의 의미는?
① 관리비 적은 물건 선택
② 무조건 작은 아파트 선택
③ 대출 안 받기
④ 층수 낮은 물건 선택
⑤ 규모를 작게 → 경험 쌓고 리스크 최소화

21. A씨: 감정가 3억, 최근 낙찰가율 90%, 실거래가 2.8억. 안전 입찰가는?
① 2.8~2.9억
② 3.2억
③ 3.5억
④ 2.5억
⑤ 3.8억

22. B씨: 대출 3억, 자기 자금 1억 → 문제점은?
① 권리분석 오류
② 층수 확인 실패
③ 관리비 확인 실패
④ 현금흐름 부담 과다
⑤ 시세 조사 부족

23. C씨: 시세 조사 없이 입찰 → 발생한 문제는?
① 단지 이름 혼동
② 층수 확인 실패
③ 조경 확인 실패
④ 관리비 확인 실패
⑤ 낙찰가 과다 → 손해

24. D씨: 전세권 누락 → 문제점은?
① 전세금 반환 문제
② 층수 혼동
③ 조경 확인 실패
④ 관리비 확인 실패
⑤ 면적 혼동

25. 입찰가 설정 시 가장 중요한 데이터 조합은?

① 관리비 + 면적

② 단지 이름 + 층수

③ 실거래가 + 감정가 + 낙찰가율

④ 조경 + 평형

⑤ 호가만

26. 시세 조사 부족 사례에서 발생하는 일반적인 결과는?

① 단지 이름 확인

② 층수 확인

③ 관리비 확인

④ 조경 확인

⑤ 비싸게 낙찰 → 손해

27. 권리분석 미숙 사례에서 발생하는 문제는?

① 근저당, 전세금 등 반환 문제

② 층수 확인

③ 조경 확인

④ 관리비 확인

⑤ 단지 이름 확인

28. 안전 투자 원칙에서 '권리 안전'이 의미하는 것은?

① 층수 확인

② 등기부와 권리분석 철저

③ 조경 확인

④ 관리비 확인

⑤ 평형 확인

29. 안전 투자 원칙에서 '시장 조사'가 포함하는 것은?

① 조경 확인

② 층수 확인

③ 단지별, 지역별 시세 흐름 확인

④ 관리비 확인

⑤ 면적 확인

30. 안전 투자 원칙에서 '작게, 안전하게, 꼼꼼하게'의 의미는?

① 작은 규모 → 경험 쌓기, 리스크 최소화

② 무리한 대출

③ 감정가만 보고 입찰

④ 시세 조사 생략

⑤ 권리분석 미확인

10장. 성공 투자로 가는 길 ─ 수진쌤의 한마디

<성공은 한 번의 큰 선택보다, 매일의 작은 선택에서 만들어져요>

부동산 투자를 가르치다 보면 가끔 이런 질문을 들어요.

"선생님, 성공하려면 어떤 지역을 사야 해요?"
"어디가 오를까요? 지금 뭐 사면 돈 벌죠?"

이 질문들은 얼핏 보면 '투자의 핵심'을 묻는 것처럼 보이지만,
사실은 투자에서 가장 비켜난 질문이에요.
왜냐하면, 성공은 특정 지역, 특정 물건, 특정 타이밍이 아니라
그 사람이 가진 '투자 습관'에서 시작되기 때문이에요.

10-1 적은 금액으로 시작하기

성공은 작은 금액으로 시작하는 순간 이미 절반 온 거예요.
많은 초보자들이
"돈이 모이면 투자할래요."
"대출이 여유 있을 때 시작할래요."라고 말해요.
그런데 돈이 많아지면 오히려 선택이 더 어려워지고 실수의 규모도 커져요.

처음엔 작게 시작하는 게 맞아요.
작은 금액은 작은 실수로 끝나게 해 주고, 작은 실수는 큰 성장으로 이어져요.
첫 투자가 300만 원 수익이든 500만 원이든 사실 그 금액은 중요하지 않아요.
내가 직접 사고, 보유하고, 팔아 본 그 경험이 다음 투자에서 여러분을 지켜 주는 힘이 돼요.

"처음부터 큰돈을 벌겠다고 욕심부리지 마세요.

적은 금액으로 시작해서 경험을 쌓는 것 자체가 최고의 투자입니다.
실패해도 부담이 적고, 배우는 게 훨씬 많아요.
한 발 한 발이 모이면,
어느 순간 '큰 투자도 자신 있게 할 수 있는 눈'이 생깁니다."

10-2 공부 → 실전 → 피드백

이 3단계를 계속 돌리는 사람이 결국 이겨요.
투자하는 사람들은 "공부만 하면 아는 사람", "실전만 하면 부딪히는 사람"이에요.
근데 성공하는 사람은 공부하고 → 해 보고 → 돌아보고 → 고치고
이 순환을 끊임없이 반복해요.
큰 멘토가 있으면 더 좋고, 혼자라면 작은 가계부라도 써 보면 돼요.

내가 왜 이 지역을 골랐는지, 실수는 무엇이었는지, 내가 놓친 건 뭐였는지를
기록하는 사람은 시간이 갈수록 무조건 강해져요.

"부동산은 공부만으로는 돈을 못 벌고, 실전만으로도 손해를 볼 수 있어요.
공부하고, 작게 실행해 보고, 결과를 분석하고 피드백을 받는 순환 구조가 중요합니다.
이 과정을 반복하면 초보자도 안전하게 수익을 낼 수 있습니다."

10-3 임장(현장조사)의 중요성

현장(임장)은 책보다 더 많은 걸 알려 줘요.
책으로 본 입지와 발로 걸어서 본 입지는 완전히 달라요.

평면도에서 본 단지와 실제 마당에서 느끼는 분위기
지도에서 '근처'였던 버스정류장이 막상 가 보니 언덕 위에 있는 현실
상권이 살아 있는지 죽어 있는지 걸어 봐야 알 수 있는 생생한 온도

이건 절대 앱으로도 블로그로도 강의로도 배울 수 없어요.
현장은 속이지 않아요.
발로 걸은 사람이 결국 정확한 판단을 해요.

"사진과 인터넷 정보만 믿으면 큰코다칩니다.
현장에 직접 가서 주변 환경, 교통, 상권, 관리 상태를 눈으로 확인하세요.
임장 한 번이 수천만 원의 손해를 막아 줄 수도 있습니다.
눈으로 보고, 발로 뛰는 습관이 성공 투자자를 만듭니다."

10-4 멘토 · 커뮤니티 활용

선배 · 커뮤니티 · 멘토는 여러분의 시간을 10배 아껴 줘요.
사람들이 이미 경험한 시행착오는 그대로 여러분의 시간 절약이 돼요.
이미 누군가는 대출 막혀 본 경험, 명도 어려움 겪어 본 경험,
입찰가 잘못 써서 떨어진 경험, 권리분석 오류로 눈물 흘린 경험
다 겪어 봤어요.

그들의 경험을 듣는다는 건,
여러분이 그 실수를 직접 할 필요가 없어진다는 뜻이에요.
이건 돈보다 더 큰 자산이에요.

"혼자 하면 실수할 확률이 높아요.

멘토나 커뮤니티에서 질문하고 경험 공유하면, 시행착오를 크게 줄일 수 있습니다.
실전에서 겪는 작은 팁, 노하우, 심리적 부담까지 함께 나누는 힘은 돈으로 살 수 없습니다."

10-5 장기적인 투자 마인드

결국 투자는 '장기전'이에요
단기적으로는 타이밍이 이길 때도 있어요.
하지만 장기적으로는 실력이 이겨요.

여러분이 지금 쌓고 있는 기본기, 체크리스트, 공부 노트, 임장 습관…
이 모든 것들이 미래의 여러분을 위해 차곡차곡 쌓이고 있어요.
어느 순간 여러분도 알게 될 거예요.

"아, 이제 왜 이 동네가 뜨는지 보인다."
"이 물건은 하면 안 된다."
"지금 시장 흐름이 이렇게 가고 있구나."

그때부터 여러분은 남들보다 빠르고, 남들보다 정확하고, 남들보다 흔들리지 않게 돼요.

"부동산 투자는 마라톤입니다. 단기 수익만 좇으면 흔들리기 쉽습니다.
작게 시작해서 경험 → 안정 수익 → 점점 확장
이 순서가 중요합니다.

'오늘의 투자'보다 '내일의 투자자 나'를 키우는 데 집중하세요."

수진쌤의 마지막 소곤소곤 <따뜻하지만 강하게, 그리고 '부자사관학교'답게>

성공은 빠르게 달리는 사람이 아니라,
멈추지 않고 끝까지 걸어가는 사람에게 찾아옵니다.
부동산 투자는 누구에게나 처음은 낯설고 어렵습니다.

하지만 처음부터 잘해야 하는 건 아니에요.
작게 시작하고, 안전하게 움직이고, 꾸준히 쌓아 가는 사람이
결국 어느 순간 "아, 이제 보인다"라는 순간을 마주하게 됩니다.

저도 그 과정을 그대로 걸어왔어요.
겁나고, 막막하고, 숫자 하나도 어려웠던 시절이 있었습니다.
그런데 지금 돌이켜보면, 그때의 작은 행동들이 지금의 큰 결과를 만들었어요.

그래서 저는 항상 말합니다.

"작게 시작한 사람은 결코 작게 끝나지 않는다."

부자사관학교는 누구나 그 길을 '혼자'가 아닌 '함께' 갈 수 있도록 만들기 위해 존재합니다.
여기서는 질문하면 듣는 사람이 있고, 모르면 알려 주는 사람이 있고
조그마한 실수도 함께 점검해 주는 사람들이 있습니다.

혼자 투자하려고 할 때보다 실수는 줄고, 속도는 빨라지고,
무엇보다 두려움이 훨씬 가벼워집니다.

여러분의 투자는 지금 이 순간,
이미 성공 쪽으로 조용히 움직이고 있어요.

책을 펼치고, 공부를 시작하고,
한 줄이라도 더 이해하려고 노력하는 이 시간이
그 자체로 여러분을 '투자자'로 성장시키고 있습니다.

초보자라고 해서 부족한 것이 아닙니다.
적은 금액이라고 해서 뒤처지는 것도 아닙니다.
중요한 건, "지금의 나보다 한 발 더 나아간 내일의 나를 만드는 것."

그 힘은 이미 여러분 안에 있어요.
저는 그걸 누구보다 믿습니다.

부자사관학교는 당신이 흔들릴 때 다시 중심을 잡아 주고,
언제든 다시 출발할 수 있도록 옆에서 조용히, 하지만 든든하게 함께할 것입니다.

그러니 너무 걱정하지 마세요.

그리고 너무 조급해하지도 마세요.

오늘의 작은 한 걸음이
내일의 큰 수익이 되고,

내 생애 첫 성공 투자의 시작이 됩니다.

여러분은 충분히 할 수 있습니다.

정말로, 진심으로 그렇습니다.

……항상 옆에서 응원합니다. ♥

경매 실전 문제
(100문)

1장. 부동산 기초 이해(문제 1~10)

1. 부동산은 크게 ( )과 ( )으로 나뉜다.

① 토지/건물

② 아파트/상가

③ 단독주택/빌라

④ 매매/임대

⑤ 시세/호가

2. 아파트, 빌라, 단독주택의 부동산 종류는?

① 투자용

② 상업용

③ 토지

④ 임대용

⑤ 주거용

3. 부동산을 사고파는 것을 의미하는 것은?

① 경매

② 임대

③ 매매

④ 개발

⑤ 호가

4. 집주인이 원하는 가격을 의미하는 것은?

① 낙찰가

② 실거래가

③ 감정가

④ 호가

⑤ 시세

5. 부동산 가격은 ( )과 ( )의 균형에 따라 결정된다.

① 수요/공급

② 층수/면적

③ 토지/건물

④ 관리비/대출

⑤ 실거래가/호가

6. 시세를 확인할 때 중요한 것은?

① 관리비

② 주변 아파트 실거래가

③ 단지 이름

④ 층수

⑤ 조경

7. 부동산 투자의 기본 목표가 아닌 것은?

① 단순한 호기심 충족

② 매매차익

③ 임대수익

④ 개발이익

⑤ 장기투자 수익

8. 다음 중 매매와 임대의 차이에 대한 설명으로 잘못된 것은?

① 매매는 소유권이 이전된다.

② 임대는 일정 기간 사용권을 제공하는 계약이다.

③ 매매는 반드시 대출 없이만 가능하다.

④ 임대는 월세 또는 전세 형태로 수익이 발생한다.

⑤ 매매는 원칙적으로 영구적인 소유권 이전을 의미한다.

9. 부동산 시장이 움직이는 원리가 아닌 것은?

① 수요와 공급

② 투자 심리

③ 금리

④ 교통 호재

⑤ 조경 색상

10. 시세 파악이 중요한 이유는?

① 적정 입찰가 설정과 투자 판단

② 층수 결정

③ 단지 이름 확인

④ 관리비 확인

⑤ 평형 선택

2장. 부동산과 돈의 흐름(문제 11~20)

11. 부동산으로 돈을 버는 3가지 방식이 아닌 것은?

① 매매차익

② 임대수익

③ 개발이익

④ 장기저축

⑤ 재개발 수익

12. 대출을 활용해 투자 규모를 늘리는 것을 의미하는 것은?

① 레버리지

② 감정가

③ 호가

④ 권리분석

⑤ 입찰가

13. 투자 시 가장 중요한 계산 방법은?

① 수익률 계산

② 층수 확인

③ 조경 평가

④ 단지 이름 확인

⑤ 관리비 비교

14. 부동산 투자 실패 원인이 아닌 것은?

① 무리한 대출

② 입찰가 설정 오류

③ 시세조사 부족

④ 권리분석 오류

⑤ 현장조사 철저

15. 임대수익 계산에서 고려하지 않아도 되는 것은?

① 관리비

② 세금

③ 이자

④ 층수

⑤ 공실률

16. 개발이익을 얻기 위한 조건은?

① 부동산 가치 상승 가능 지역

② 단지 이름

③ 층수

④ 관리비

⑤ 조경

17. 수익률 계산에서 기본 공식은?

① (수익 - 비용) ÷ 투자금 × 100

② 투자금 ÷ 수익

③ 관리비 ÷ 층수

④ 조경비 ÷ 면적

⑤ 감정가 ÷ 낙찰가

18. 무리한 대출이 초래하는 문제는?

① 관리비 증가

② 층수 확인

③ 단지 이름 혼동

④ 현금흐름 막힘

⑤ 조경 확인

19. 투자 시 '실패하는 패턴'에 해당하지 않는 것은?
① 시세조사 부족
② 작은 금액으로 시작
③ 권리분석 오류
④ 과도한 대출
⑤ 입찰가 실수

20. 레버리지를 활용할 때 주의해야 할 점은?
① 관리비
② 층수
③ 조경
④ 단지 이름
⑤ 대출금 상환 부담

3장. 입지 분석의 기본(문제 21~30)

21. 입지가 의미하는 것은?
① 관리비
② 단지 이름
③ 층수
④ 지역적 위치와 주변 환경
⑤ 면적

22. 좋은 입지를 판단하는 3대 기준이 아닌 것은?
① 교통
② 상권
③ 학교
④ 조경 색상
⑤ 개발 호재

23. 지도와 앱으로 입지를 분석할 때 확인할 수 없는 것은?
① 주변 교통망
② 학군
③ 상권
④ 투자자의 개인 자금
⑤ 개발 계획

24. 초보자가 입지 분석 시 놓치기 쉬운 포인트는?
① 도로와 버스, 지하철 접근성
② 단지 이름
③ 층수
④ 관리비
⑤ 조경

25. 좋은 입지의 장점은?

① 가격 상승 가능성과 수익 안정성

② 관리비 절감

③ 층수 증가

④ 조경 예쁨

⑤ 단지 이름 독특함

26. 입지 분석에서 '학교 주변 단지'를 주로 보는 이유는?

① 조경

② 관리비 절감

③ 층수 높음

④ 단지 이름

⑤ 학군 수요로 가격 안정

27. 입지 분석이 부동산 투자에 중요한 이유는?

① 향후 가치 상승과 수익 예측

② 단지 이름

③ 층수 확인

④ 관리비

⑤ 조경

28. 나쁜 입지 사례에 해당하지 않는 것은?

① 교통 불편

② 상권 빈약

③ 학군 우수

④ 개발 계획 없음

⑤ 범죄율 높음

29. 초보자가 입지 분석 시 활용할 수 있는 앱은?

① 네이버 지도, 카카오맵, 부동산 앱

② 유튜브

③ 카페

④ SNS

⑤ 게임 앱

30. 다음 중 부동산 입지 분석에서 가장 우선적으로 고려해야 할 요소는?

① 교통 접근성과 생활 인프라로 인한 실제
   수요 존재 여부

② 건물의 층수와 향

③ 내부 마감재 상태

④ 관리비 수준

⑤ 단지 조경 상태

31. 경매가 의미하는 것은?
① 시세 조회
② 임대 계약
③ 단순 매매
④ 강제매각을 통한 부동산 처분
⑤ 관리비 확인

32. 경매 절차 중 첫 단계는?
① 권리분석
② 입찰
③ 명도
④ 낙찰
⑤ 대금 납부

33. 법원 경매 사이트에서 확인할 수 없는 것은?
① 권리분석 정보
② 감정평가서
③ 입찰서 작성법
④ 세입자 이름
⑤ 낙찰 결과

34. 낙찰이 의미하는 것은?
① 최고가 입찰자가 부동산을 취득하는 것
② 시세 조사
③ 층수 확인
④ 조경 확인
⑤ 관리비 확인

35. 초보자가 경매 시 가장 주의해야 할 점은?
① 조경 확인
② 층수 확인
③ 단지 이름 확인
④ 관리비 확인
⑤ 권리분석 미흡

36. 감정가가 의미하는 것은?
① 호가
② 시세
③ 전문가 산정한 부동산 가치
④ 낙찰가
⑤ 관리비

37. 경매 물건에 임차인이 있는지 확인하는 방법은?

① 단지 이름
② 등기부와 임장 확인
③ 층수
④ 조경
⑤ 관리비

38. 법원 경매 사이트에서 제공되는 자료가 아닌 것은?

① 권리분석표
② 감정평가서
③ 주변 단지 시세
④ 입찰 안내
⑤ 낙찰 결과

39. 경매 참여 자격에 포함되지 않는 것은?

① 보증금 납부
② 만 19세 이상
③ 부동산 소유 경험
④ 응찰 등록
⑤ 신분 확인

40. 낙찰 후 가장 먼저 해야 하는 절차는?

① 대금 납부
② 권리분석
③ 시세 조사
④ 입지 분석
⑤ 관리비 확인

5장. 경매 입찰 과정 이해(문제 41~50)

41. 입찰 전 준비 단계에서 필요한 것은?

① 보증금, 자격 확인
② 층수 확인
③ 관리비 확인
④ 단지 이름 확인
⑤ 조경 확인

42. 입찰가를 정할 때 고려하지 않아도 되는 것은?

① 감정가
② 단지 이름
③ 실거래가
④ 낙찰가율
⑤ 권리분석 비용

43. 개찰이 의미하는 것은?

① 시세 조사

② 낙찰 후 명도

③ 입찰 마감 후 공개하여 최고가 결정

④ 층수 확인

⑤ 관리비 확인

44. 낙찰 결정 후 가장 중요한 것은?

① 단지 이름

② 층수 확인

③ 조경 확인

④ 관리비 확인

⑤ 대금 납부

45. 명도가 의미하는 것은?

① 점유자 퇴거 절차

② 입찰가 결정

③ 권리분석

④ 시세 조사

⑤ 층수 확인

46. 입찰보증금의 역할은?

① 단지 이름 확인

② 층수 확인

③ 조경 확인

④ 진심 있는 입찰을 보장

⑤ 관리비 확인

47. 입찰가 과다 설정 시 위험은?

① 낙찰 후 손해

② 층수 확인

③ 조경 확인

④ 관리비 확인

⑤ 단지 이름

48. 입찰 전 권리분석이 중요한 이유는?

① 낙찰자가 인수할 권리를 확인

② 층수 확인

③ 조경 확인

④ 관리비 확인

⑤ 단지 이름

49. 낙찰 후 대금 납부를 지연했을 때 일어나는 일은?

① 시세 조사

② 권리분석

③ 낙찰 취소

④ 입지 분석

⑤ 관리비 확인

50. 초보자가 입찰가를 정할 때 가장 중요한 기준은?

① 실거래가 + 감정가 + 권리 인수 비용

② 층수

③ 조경

④ 단지 이름

⑤ 관리비

6장.
등기부등본과 권리분석 기초(문제 51~65)

51. 등기부등본에서 확인할 수 없는 것은?

① 근저당 설정금액

② 전세권 설정

③ 소유자 이름

④ 세입자의 실제 거주 여부

⑤ 가압류 여부

52. 낙찰자가 인수해야 하는 권리에 해당하는 것은?

① 근저당권

② 조경

③ 층수

④ 단지 이름

⑤ 관리비

53. 전세권이 있는 집을 낙찰받았을 때는?

① 층수 결정

② 전세금 반환 책임이 발생할 수 있음

③ 관리비 절감

④ 조경 예쁨

⑤ 단지 이름

54. 근저당권과 가압류를 확인하는 이유는?

① 낙찰 후 금전적 부담을 미리 계산하기 위해

② 층수 확인

③ 조경 확인

④ 단지 이름 확인

⑤ 관리비 확인

55. 대항력 · 우선변제권이 의미하는 것은?

① 관리비 확인

② 조경 확인

③ 층수 확인

④ 법적으로 특정 채권자가 우선적으로 변제 받는 권리

⑤ 단지 이름

56. 권리분석 오류로 인해 발생할 수 없는 문제는?

① 낙찰 후 예상 수익 감소

② 층수 확인

③ 소송 비용 발생

④ 임차인과 갈등

⑤ 추가 지출 발생

57. 낙찰자가 인수하지 않는 권리는?

① 법적으로 소멸되는 권리

② 근저당

③ 전세권

④ 가압류

⑤ 대항력

58. 등기부등본에서 임차인을 확인하기 위해서 해야 하는 일은?

① 현장 임장 확인 + 전입세대 열람

② 층수 확인

③ 단지 이름 확인

④ 관리비 확인

⑤ 조경 확인

59. 초보자가 권리분석에서 가장 많이 실수하는 부분은?

① 층수 확인

② 전세권, 근저당, 가압류 등 권리 누락

③ 단지 이름 확인

④ 관리비 확인

⑤ 조경 확인

60. 근저당 설정금액이 1억 원이고, 낙찰가가 2억 원일 때 낙찰자가 인수해야 할 최소 비용은?

① 0원

② 2억 원

③ 3억 원

④ 1억 원

⑤ 5천만 원

61. 권리분석 시 임장 확인이 중요한 이유는?

① 단지 이름

② 층수 확인

③ 관리비 확인

④ 조경 확인

⑤ 실제 점유자와 세입자 확인 가능

62. 등기부등본에 가압류가 표시되어 있을 때는?

① 단지 이름 확인

② 층수 확인

③ 낙찰 후 인수해야 할 비용이 발생할 수 있음

④ 조경 확인

⑤ 관리비 확인

63. 낙찰 후 권리분석 미흡으로 발생한 대표적 사례는?

① 세입자 전세금 미반환으로 손해

② 층수 확인

③ 관리비 확인

④ 단지 이름

⑤ 조경

64. 전세권 설정이 있는 부동산을 낙찰 받았을 때, 초보자가 해야 할 행동은?

① 단지 이름 확인

② 층수 확인

③ 조경 확인

④ 관리비 확인

⑤ 전세금 반환 여부 확인

65. 등기부등본 분석 시 반드시 체크해야 할 항목이 아닌 것은?

① 조경

② 근저당

③ 가압류

④ 전세권

⑤ 대항력·우선변제권

7장.
재개발·재건축 기본 이해(문제 66~75)

66. 재개발과 재건축의 차이는?

① 관리비

② 층수

③ 재개발은 노후 주거지 전체, 재건축은 개별 단지

④ 조경

⑤ 단지 이름

67. 재개발·재건축으로 가격이 오르는 이유는?

① 주거환경 개선과 수요 증가

② 층수

③ 조경

④ 관리비

⑤ 단지 이름

68. 사업 진행 단계에서 가장 먼저 확인해야 하는 것은?

① 조합 설립과 인가 여부

② 층수

③ 관리비

④ 조경

⑤ 단지 이름

69. 초보자가 재개발 투자 시 주의할 점은?

① 단지 이름

② 층수

③ 관리비

④ 조경

⑤ 사업 진행 속도와 조합 권리 문제

70. 재개발·재건축이 지역에 미치는 긍정적 영향은?

① 인프라 개선과 부동산 가치 상승

② 층수

③ 조경

④ 관리비

⑤ 단지 이름

71. 재개발·재건축 투자에서 발생할 수 있는 위험이 아닌 것은?

① 조합 문제 미확인

② 사업 지연

③ 층수 부족

④ 비용 증가

⑤ 법적 분쟁

72. 재개발·재건축 단지의 시세 상승을 예측할 때 주로 보는 것은?

① 관리비

② 층수

③ 조경

④ 사업 승인 여부와 주변 개발 계획

⑤ 단지 이름

73. 재개발·재건축 관련 권리분석 시 필요한 정보는?

① 층수

② 조합원 권리, 임차인, 근저당

③ 관리비

④ 조경

⑤ 단지 이름

74. 재개발과 재건축 중 초기 비용이 더 큰 경우는?

① 재개발

② 재건축

③ 층수

④ 관리비

⑤ 조경

75. 투자 성공을 위해 재개발·재건축 투자자가 가장 먼저 해야 하는 것은?

① 사업 진행 상황 및 권리분석 확인

② 층수

③ 조경

④ 관리비

⑤ 단지 이름

8장.
부동산 시세 조사 방법(문제 76~85)

76. 부동산 시세 조사 시 활용할 수 없는 방법은?

① 호갱노노

② 네이버 부동산

③ 게임 앱

④ 아실

⑤ 실거래가 조회

77. 실거래가와 호가의 차이는?

① 관리비

② 층수

③ 조경

④ 실거래가는 실제 거래 금액, 호가는 집주인 희망 가격

⑤ 단지 이름

78. 주변 아파트 가격을 비교할 때 가장 중요한 것은?

① 조경

② 면적, 층수, 위치

③ 관리비

④ 단지 이름

⑤ 세대 수

79. 경매 물건 시세 파악에서 가장 먼저 확인해야 하는 것은?
① 인근 실거래가
② 조경
③ 관리비
④ 층수
⑤ 단지 이름

80. 시세조사 체크리스트에 포함되지 않는 항목은?
① 최근 거래가
② 면적
③ 층수
④ 주변 편의시설
⑤ 조경

81. 시세조사에서 호가를 확인하는 이유는?
① 현재 시장 가격 범위와 심리 확인
② 층수
③ 조경
④ 관리비
⑤ 단지 이름

82. 시세 조사를 하지 않으면 발생할 수 있는 문제는?
① 층수 확인
② 과도한 입찰가로 손실
③ 조경
④ 관리비
⑤ 단지 이름

83. 초보자가 시세조사에서 흔히 놓치는 부분은?
① 관리비동일
② 조경
③ 단지의 면적, 층수, 방향 비교
④ 단지 이름
⑤ 세대 수

84. 실거래가보다 호가가 높은 경우, 초보자가 할 행동은?
① 실거래가 기반으로 적정 입찰가 산정
② 층수
③ 조경
④ 관리비
⑤ 단지 이름

85. 시세조사에서 중요한 핵심 포인트는?

① 세대 수

② 조경

③ 관리비

④ 단지 이름

⑤ 면적, 층수, 위치, 최근 거래가

9장.
실패하지 않는 초보자 전략(문제 86~100)

86. 초보자가 실패하는 대표적인 투자 패턴은?

① 임장 확인

② 적은 금액 투자

③ 시세 조사 철저

④ 무리한 대출, 입찰가 실수, 권리분석 오류

⑤ 멘토 활용

87. 무리한 대출의 위험성은?

① 현금흐름 막힘과 낙찰 후 부담 증가

② 층수

③ 조경

④ 단지 이름

⑤ 관리비

88. 입찰가 실수로 발생하는 문제는?

① 층수

② 낙찰 후 예상 수익 감소

③ 조경

④ 단지 이름

⑤ 관리비

89. 시세 조사 부족으로 인한 손실 사례는?

① 주변 단지 비교 없이 입찰 → 과도한 비용 발생

② 층수

③ 조경

④ 단지 이름

⑤ 관리비

90. 권리분석 오류로 손실을 본 사례는?

① 관리비

② 층수

③ 조경

④ 단지 이름

⑤ 전세권, 근저당, 가압류 누락

91. 초보자가 지켜야 할 안전 투자 원칙이 아닌 것은?

① 과도한 대출 없이 소액으로 시작

② 권리분석 철저

③ 시세조사 철저

④ 임장 확인

⑤ 단지 이름에만 집중

92. 작은 금액으로 시작하는 이유는?

① 실패 시 부담이 적고 경험 축적 가능

② 조경

③ 층수

④ 관리비

⑤ 단지 이름

93. 공부 → 실전 → 피드백의 중요성은?

① 반복 학습으로 투자 역량 향상

② 층수

③ 조경

④ 관리비

⑤ 단지 이름

94. 임장(현장조사)의 핵심 목적은?

① 조경

② 층수

③ 실제 환경과 점유자 확인

④ 관리비

⑤ 단지 이름

95. 멘토·커뮤니티를 활용하는 이유는?

① 관리비

② 층수

③ 조경

④ 시행착오 최소화, 노하우 공유

⑤ 단지 이름

96. 장기적 투자 마인드의 핵심은?

① 조경

② 층수

③ 단기 수익보다 경험과 안정적 수익 축적

④ 관리비

⑤ 단지 이름

97. 초보자가 반드시 지켜야 하는 투자 습관은?

① 권리분석, 시세조사, 임장, 소액 시작

② 층수

③ 조경

④ 관리비

⑤ 단지 이름

98. 투자 실패를 줄이기 위한 첫 단계는?

① 층수

② 철저한 권리분석

③ 조경

④ 관리비

⑤ 단지 이름

99. 입찰 후 낙찰가와 권리 인수 비용을 합산해야 하는 이유는?

① 단지 이름

② 층수

③ 조경

④ 관리비

⑤ 실제 총 투자 비용 계산

100. 성공 투자자로 성장하기 위한 핵심은?

① 작은 시작 → 경험 → 안전 투자 습관 → 장기적 관점

② 층수

③ 조경

④ 관리비

⑤ 단지 이름

정답지

1장. 부동산 기초 이해

1. ② 2. ④ 3. ③ 4. ① 5. ③ 6. ② 7. ③ 8. ③ 9. ③ 10. ② 11. ① 12. ② 13. ③ 14. ③ 15. ④ 16. ③ 17. ② 18. ④ 19. ② 20. ③ 21. ② 22. ② 23. ③ 24. ⑤ 25. ② 26. ② 27. ① 28. ⑤ 29. ① 30. ②

2장. 부동산과 돈의 흐름

1. ④ 2. ② 3. ① 4. ③ 5. ④ 6. ② 7. ③ 8. ② 9. ⑤ 10. ④ 11. ③ 12. ① 13. ② 14. ⑤ 15. ② 16. ② 17. ③ 18. ① 19. ⑤ 20. ② 21. ② 22. ① 23. ⑤ 24. ② 25. ② 26. ⑤ 27. ④ 28. ② 29. ① 30. ④

3장. 입지 분석의 기본

1. ② 2. ⑤ 3. ④ 4. ③ 5. ① 6. ② 7. ② 8. ① 9. ① 10. ④ 11. ② 12. ③ 13. ① 14. ③ 15. ⑤ 16. ④ 17. ① 18. ③ 19. ⑤ 20. ④ 21. ① 22. ③ 23. ② 24. ① 25. ④ 26. ⑤ 27. ⑤ 28. ③ 29. ② 30. ⑤

4장. 경매 첫걸음

1. ② 2. ③ 3. ① 4. ④ 5. ④ 6. ② 7. ④ 8. ④ 9. ① 10. ⑤ 11. ① 12. ① 13. ⑤ 14. ② 15. ③ 16. ② 17. ① 18. ④ 19. ⑤ 20. ⑤ 21. ④ 22. ① 23. ④ 24. ③ 25. ④ 26. ① 27. ② 28. ⑤ 29. ③ 30. ⑤

5. 경매 입찰 과정 이해

1. ② 2. ④ 3. ① 4. ③ 5. ① 6. ① 7. ④ 8. ② 9. ③ 10. ① 11. ⑤ 12. ④ 13. ① 14. ⑤ 15. ② 16. ① 17. ④ 18. ③ 19. ④ 20. ④ 21. ⑤ 22. ③ 23. ⑤ 24. ③ 25. ④ 26. ⑤ 27. ① 28. ② 29. ⑤ 30. ④

6장. 등기부등본과 권리분석 기초

1. ② 2. ③ 3. ④ 4. ⑤ 5. ② 6. ③ 7. ③ 8. ② 9. ⑤ 10. ③ 11. ② 12. ② 13. ③ 14. ② 15. ③ 16. ① 17. ① 18. ④ 19. ② 20. ① 21. ③ 22. ② 23. ② 24. ⑤ 25. ⑤ 26. ③ 27. ① 28. ⑤ 29. ③ 30. ①

7장. 재개발·재건축 기본 이해

1. ② 2. ③ 3. ② 4. ⑤ 5. ③ 6. ③ 7. ② 8. ③ 9. ① 10. ③ 11. ③ 12. ② 13. ④ 14. ② 15. ③ 16. ② 17. ① 18. ① 19. ② 20. ④ 21. ① 22. ② 23. ③ 24. ⑤ 25. ① 26. ② 27. ① 28. ① 29. ① 30. ③

8장. 부동산 시세 조사 방법

1. ② 2. ② 3. ② 4. ③ 5. ① 6. ② 7. ② 8. ③ 9. ① 10. ① 11. ② 12. ① 13. ③ 14. ③ 15. ② 16. ① 17. ① 18. ② 19. ① 20. ① 21. ① 22. ① 23. ⑤ 24. ④ 25. ③ 26. ⑤ 27. ① 28. ④ 29. ② 30. ⑤

9장. 실패하지 않는 초보자 전략

1. ② 2. ② 3. ③ 4. ② 5. ③ 6. ① 7. ⑤ 8. ②
9. ① 10. ① 11. ⑤ 12. ① 13. ② 14. ④ 15.
① 16. ⑤ 17. ① 18. ④ 19. ① 20. ⑤ 21. ①
22. ④ 23. ⑤ 24. ① 25. ③ 26. ⑤ 27. ① 28.
② 29. ③ 30. ①

경매실전문제 100문

1장. 부동산 기초 이해(문제 1~10)

1. ① 2. ⑤ 3. ③ 4. ④ 5. ①
6. ② 7. ① 8. ③ 9. ⑤ 10. ①

2장. 부동산과 돈의 흐름(문제 11~20)

11. ④ 12. ① 13. ① 14. ⑤ 15. ④
16. ① 17. ① 18. ④ 19. ② 20. ⑤

3장. 입지 분석의 기본(문제 21~30)

21. ④ 22. ④ 23. ④ 24. ① 25. ①
26. ⑤ 27. ① 28. ③ 29. ① 30. ①

4장. 경매 첫걸음(문제 31~40)

31. ④ 32. ① 33. ④ 34. ① 35. ⑤
36. ③ 37. ② 38. ③ 39. ③ 40. ①

5장. 경매 입찰 과정 이해(문제 41~50)

41. ① 42. ② 43. ③ 44. ⑤ 45. ①
46. ④ 47. ① 48. ① 49. ③ 50. ①

6장. 등기부등본과 권리분석 기초(문제 51~65)

51. ④ 52. ① 53. ② 54. ① 55. ④
56. ② 57. ① 58. ① 59. ② 60. ④
61. ⑤ 62. ③ 63. ① 64. ⑤ 65. ①

7장. 재개발·재건축 기본 이해(문제 66~75)

66. ③ 67. ① 68. ① 69. ⑤ 70. ①
71. ③ 72. ④ 73. ② 74. ① 75. ①

8장. 부동산 시세 조사 방법(문제 76~85)

76. ③ 77. ④ 78. ② 79. ① 80. ⑤
81. ① 82. ② 83. ③ 84. ① 85. ⑤

9장. 실패하지 않는 초보자 전략(문제 86~100)

86. ④ 87. ① 88. ② 89. ① 90. ⑤
91. ⑤ 92. ① 93. ① 94. ③ 95. ④
96. ③ 97. ① 98. ② 99. ⑤ 100. ①

부동산 용어

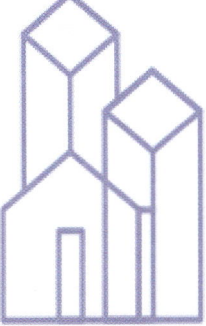

부동산 용어

◆	**매매**	부동산의 소유권이 바뀌는 것
◆	**임대**	소유권이 바뀌지 않고 빌려만 주는 것
◆	**매수자**	부동산 매매시 사는 사람
◆	**매도자**	부동산 매매시 파는 사람
◆	**임대인**	부동산을 임대 해주는 사람 즉, 집주인
◆	**임차인**	부동산을 임대하여 사는 사람. 세입자
◆	**임대차**	당사자일방(임대인)이 상대방(임차인)에게 목적물(임차물)을 사용,수익하게 할 것을 약정하고, 상대방이 이에 대하여 대가를 지급하기로 함으로써 성립하는 계약
◆	**전대차**	임차인이 제3자에게 임대한 부동산을 다시 빌려 주는 것
◆	**건폐율**	대지면적에 대한 건축면적에 대한 비율 (땅 안에 얼마나 넓게 지을 수 있는지에 대한 비율)
◆	**용적율**	대지 내(땅 안)에 얼마나 높게 지을 수 있는지에 대한 비율
◆	**레버리지**	지렛대처럼 작은 힘으로 큰 것을 끌어올리는 것에 빗대어 타인의 자본 혹은 대출을 이용해 더 큰 수익을 일으키는 것을 말함, 한마디로 대출받아 가용자금을 늘리는 것
◆	**담보대출**	부동산을 담보로 대출
◆	**신용대출**	개인의 신용으로 대출
◆	**중도상환 수수료**	대출 받고 대출 만기일 전 중간에 상환하게 되면 내는 수수료
◆	**LTV**	집값 기준의 대출비율
◆	**DTI**	소득 기준 대출비율
◆	**DSR**	본인이 가진 전체 대출의 비율
◆	**RTI**	임대료 기준의 대출
◆	**취득세**	부동산을 취득할 때 내는 세금

1

◆ 양도세	부동산을 팔고, 차액만큼 내는 세금	
◆ 임장	직접 부동산이 있는 현장으로 답사하는 것	
◆ 등기부	전산정보처리조직에 의하여 입력·처리된 등기정보자료를 대법원규칙으로 정하는 바에 따라 편성한 것을 말함. 등기부등본은 부동산에 대한 등기정보 기록부	
◆ 등기기록	1필의 토지 또는 1개의 건물에 관한 등기정보자료를 말한다.	
◆ 등기필정보	등기부에 새로운 권리자가 기록되는 경우에 그 권리자를 확인하기 위하여 제11조 제1항에 따른 등기관이 작성한 정보를 말한다.	
◆ 혼동	서로 대립하는 2개의 법적 지위가 동일인에게 속하게 되는 것 (예시: 건물의 전세권자가 건물의 소유권을 취득하면 혼동으로 전세권이 소멸함)	
◆ 간접점유	지상권, 전세권, 질권, 사용대차, 임대차, 임치 기타의 관계로 타인으로 하여금 물건을 점유하게 한 자는 간접으로 점유권이 있음.	
◆ 본권	점유를 법률적으로 정당화 시키는 권리 (예시: 소유권, 임차권, 전세권 등)	
◆ 공용징수	특정한 공익사업을 위하여 개인의 재산권을 법률에 의하여 강제적으로 취득하는 것 (유사: 공용수용)	
◆ 간이인도	양수인이 이미 물건을 직접 점유하고 있는 경우에 점유이전의 의사표시만으로 양도인으로부터 소유권을 취득하는 것 (예시: 갑으로부터 빌려 사용하고 있는 자전거의 소유권을 자전거를 이전한다는 의사표시만으로 취득하는 것)	
◆ 점유	물건을 현실로 지배(소지)하는 것	
◆ 필요비	물건을 유지하는데 사용한 비용 (예시: 건물의 수선비, 부동산에 대한 조세 등)	
◆ 유익비	물건의 유지.보수에 반드시 필요한 비용은 아니지만 그 물건의 객관적 가치를 높이는데 사용한 비용 (예시: 승용차에 액정 TV를 설치하는 경우)	
◆ 소유권	소유자는 법률의 범위내에서 그 소유물을 사용,수익, 처분할 권리가 있음	

◆ **지상권**	타인의 토지에 건물이나 공작물, 수목을 소유하기 위하여 그 토지를 사용하고자 하는 권리. 토지의 소유자를 지상권설정자, 토지를 사용하는 자를 지상권자라함
◆ **구분지상권**	건물 기타 공작물을 소유하기 위해 타인 토지의 지상이나 지하의 공간에 범위를 정하여 사용하는 지상권의 일종
◆ **지역권**	일정한 목적을 위하여 타인의 토지를 자기의 토지에 이용하는 것
◆ **부종성**	어떤 권리(의무)가 주된 권리의 경제적 목적을 달성하는 수단으로 존재하는 경우, 주된 권리의 성립, 존속, 소멸 등에 따르는 성질. 즉, 주된 권리와 운명을 같이 하는 성질 (예시: 요역지소유권에 따르는 지역권의 운명, 피담보채권에 따르는 담보물권의 운명, 주채무에 따르는 보증채무의 운명 등)
◆ **요역지.승역지**	지역권의 설정에 있어 다른 토지의 편익에 제공되는 토지(승역지)와 다른 토지로부터 편익을 얻는 토지(요역지)
◆ **전세권**	전세권자가 전세금을 지급하고 타인의 부동산을 점유하여 그 부동산의 용도에 따라 사용.수익하고 그 부동산을 반환할 때 받는 권리
◆ **우선변제권**	채무자의 전재산 또는 특정재산에 있어 여러 명의 채권자중에서 우선하여 채권의 변제를 받는 것
◆ **법정지상권**	동일 소유자에게 속하고 있는 토지와 건물 중 하나에 제한물권(지상권 또는 저당권)이 설정되어 있다가 토지와 건물이 서로 소유자를 달리 하게 된 경우에 건물 소유자를 위하여 법률상 지상권이 설정된 것으로 보는 제도
◆ **유치권**	타인의 물건이나 유가증권을 점유하고 있는 자가 그 물건에 관하여 생긴 채무의 변제를 받을 때까지 그 물건이나 유가증권을 가지고 있을수 있는 권리 (예시: 세탁소에서 세탁비를 받을 때까지 세탁한 의류를 가지고 있는 것)
◆ **간이변제충당금**	유치권자나 동산질권자가 일정한 경우에 법원에 청구하여 경매절차를 거치지 않고 감정인의 평가에 따라 유치물이나 질물로부터 직접 변제를 받는 것
◆ **질권**	채권자가 채권의 담보로서 채무자의 물건(동산, 권리)을 채무자가 변제할 때까지 수중에 두고 변제하지 않는 때에는 그 물건에서 우선하여 변제를 받을 수 있는 담보물건

◆ **전질**	질권자가 다시 한번 질권을 설정하는 것, 즉 질권자가 질물(질권을 설정한 물건)을 가지고 다른 채권의 담보로 제공하는 것
	(예시: 책임전질, 승낙전질)
◆ **유질**	채무자가 채무를 변제해야 할 시기 이를 이행하지 않으면 채권자가 질권이 설정된 물건(질물)의 소유권을 취득하던가 혹은 이를 팔아서 그 매매대금을 우선하여 채권변제에 충당하는 것
◆ **물상보증인**	타인의 채무를 위하여 자기 재산을 담보로 제공한 사람
◆ **물상대위**	담보의 목적물이 매각. 임대.멸실.훼손등으로 인하여 소유자가 매각대금, 임대료, 손해배상,보험금 등의 청구권을 취득하는 경우에 담보권자가 이에 대하여 우선변제권을 행사하는 것
	(예시: 담보권이 설정된 건물이 화재로 멸실된 경우, 이 건물에 대한 화재보험금에 대하여 담보권자는 우선변제권을 행사할수 있음)
◆ **권리질권**	채무자가 채권담보의 목적으로 채권이나 주주권, 지적재산권과 같은 권리에 질권을 설정하고,채권자는 이행기까지 채무변제가 없으면 이 권리에서 우선하여 변제를 받는 것
◆ **채권**	상대방(채무자)의 이행을 청구하는 권리
◆ **종류채권**	일정한 종류에 속하는 물건의 일정량의 인도를 목적으로 하는 채권
	(예시: 쌀한가마니, 연필한다스 등)
◆ **금전채권**	일정액의 금전을 지급할 것을 목적으로 하는 가장 일반적인 채권
◆ **피담보채권**	채권자의 권리르 확실히 보장받기 위하여 담보를 제공하여 채무의 이행을 확보하였을 때, 이 담보를 설정할 근거가 되는 채권
◆ **지명채권**	채권자가 특별히 정해져 있는 보통 채권
◆ **지시채권**	특정인 또는 그가 지시한 자에게 변제하여야 하는 증권적 채권
	(예시: 어음, 수표, 화물상환증, 기명주식 등)
◆ **무기명채권**	증권에 의하여 표시되는 채권으로 채권자을 특정하지 않고 증권의 정당한 소지인에게 지급되는 채권
	(예시: 상품권, 승차권, 입장권 등)
◆ **불가분채권**	동일한 채권에 2인 이상의 채권자나 채무자가 있는 경우 분할 할수 없는 채권

◆ 채권자지체	채무자가 변제에 필요한 모든행위를 다했음에도 불구하고 채권자가 그 수령을 받을 수 없거나 수령을 거부하는 것
◆ 채권자취소권	채권자가 자기의 채권을 보전하기 위해서 채무자의 부당한 재산처분행위를 취소하고, 그 재산을 채무자의 일반재산으로 원상회복시키는 것
◆ 채권자대위권	채권자가 자기의 채권을 보전하기 위해서 그의 채무자에 속하는 권리를 행사할 수 있는 것
◆ 연대채무	여러명의 채무자가 각자 채무전부를 이행할 의무가 있고 그 중 1인의 채무자가 이를 전부 이행하면 다른 채무자의 채무가 소멸하는 채권 관계
◆ 보증채무	주채무자가 그의 채무를 이행하지 않을 경우 그 이행의 책임을 지는 제3자(보증인)의 채무
◆ 공동보증	여러명이 공동으로 보증채무를 부담하는 것
◆ 수탁보증인	주채무자의 부탁을 받아 보증인이 된 사람
◆ 배서	어음.수표의 액면 뒤에 수취인이 성명등 일정한 사항을 기재하고 기명날인하여 그 어음을 타인에게 교부하는 어음행위
◆ 저당권	채무자 또는 제3자가 채권담보로 제공한 부동산 기타의 목적물을 채권자가 인도받지 않고 채무의 변제가 없는 경우에는 그 채권의 담보로 제공된 목적물로부터 우선 변제 받는 권리
◆ 근저당	계속적인 거래에서 발생하고 소멸하는 불특정다수의 채권을 결산기에 계산하여 남아있는 채무를 일정한도액의 범위 내에서 담보하는 저당권 즉, 근저당권은 부동산에 대한 대출을 말함 (예시: 포괄근저당)
◆ 공동저당	동일한 채권을 담보하기 위해 수 개의 부동산 위에 저당권을 설정하는 것
◆ 이행불능	계약이 성립할 당시에는 이행이 가능하였으나, 후에 채무자의 고의나 과실로 이행이 불가능 하게된 채무 (예시: 주택명도계약이 성립한 이후 주택이 화재로 소실된 경우)
◆ 이행기	채무를 이행하여야 할 시기
◆ 이행지체	채무불이행의 한 유형, 채무가 이행기에 있고, 그 이행이 가능함에도 불구하고 채무자가 채무자 자신의 책임있는 이유로 채무를 이행 하지 않는 것
◆ 과실상계	채무불이행이나 불법행위에 관하여 채권자나 피해자에게 과실이 있는 때에 손해배상의 책임과 그 금액을 정함에 있어 이를 참작하는 것

◆ **채권양도**	채권의 채무자와 채무의 목적, 담보보증 등 채무의 동일성은 그대로 유지한 채 이를 다른 사람 (새로운채권자)에게 이전하는 행위	
◆ **확정일자있는 증서**	작성일자에 대한 법적 증거력이 인정되는 증서	
◆ **채무인수**	채무자, 채무의 목적, 담보, 보증등 채무의 동일성을 유지하면서 그 채무를 새로운 채무자(인수인)에게 이전하는 행위	
◆ **변제제공**	채무자가 채권자의 협력을 기다리지 않고 먼저 스스로 변제에 필요한 모든 행위를 하는 것	
◆ **대물변제**	계약에 따라 채무자가 본래 부담하고 있던 채무이행 대신에 다른 급부를 하여 채권을 소멸시키는 것 (예시: 1억원의 금전채무 대신에 토지소유권을 양도하는 것)	
◆ **임의대위**	채무자와 법률적인 이해관계가 없는 사람이 채권자 대신 변제하고 해당 채권을 이전 받는 것	
◆ **법정대위**	물상보증인, 연대채무자 등 채무자와 법률적인 이해관계가 있는 사람이 채무자 대신 변제하고 해당 채권을 이전받는 것	
◆ **공탁**	금전, 유가증권 기타의 물품을 공탁소에 맡기는 것	
◆ **상계**	채권자와 채무자가 서로 같은 종류의 채권과 채무를 가지는 경우에 그 채권과 채무를 서로 같은 액수로 소멸 시키는 것	
◆ **공시최고**	법원이 일정한 사항을 신고할 것을 공고하고 그 신고가 없으면 그 사항에 대하여 무효를 선고하는 절차	
◆ **면책증서**	채무자가 악의 또는 중대한 과실 없이 증권의 소지인에게 채무를 이행하면 그 소지인이 정당한 권리자가 아닌 경우에도 책임을 면하게 되는 증서 또는 증권	
◆ **동시이행항변권**	서로 채무를 지는 계약 당사자가 그 채무이행을 제공할때까지 자기의 채무이행을 거절할 수 있는 권리	
◆ **쌍무계약**	당자사 양쪽이 서로 채무를 지는 계약	
◆ **해지**	계속적인 계약을 장래에 향하여 소멸시키는 것	
◆ **해제**	계약관계를 당사자 일방의 의사표시에 의하여 처음부터 계약이 존재하지 않았던 것과 같은 상태로 만드는 것	
◆ **증여**	당사자 일방이 무상으로 재산을 상대방에 수여하는 의사를 표시하고 상대방이 이를 승낙함으로 그효력이 생기는 것	

부담부증여	증여를 받는 사람(수증자)이 증여를 받은 동시에 일정한 부담, 즉 일정한 급부를 하여야할 채무를 부담하는 조건으로 하는 증여계약
사인증여	생전에 증여계약을 체결해 두고 그 효력이 증여자의 사망시부터 발생하도록 정한 증여
해약금	계약을 체결할 때 당사자 일방이 상대방에게 지급하는 계약금
유상계약	계약의 양 당사자가 서로 대가적 의미를 가지는 출연또는 출재를 하는 계약
하자담보책임	매매한 물건에 흠이 있는 사실을 매수인이 과실없이 알지 못한 경우에 물건을 판 매도인이 매수인에게 부담하는 행위
위임	당사자 일방이 상대방에 대하여 사무의 처리를 의뢰하고 상대방이 이를 승낙함으로써 성립하는 계약
수임인	계약에 따라 법률행위나 사실행위의 수행을 의뢰 받는자
임치	당사자 일방(수치인)이 상대방(임차인)을 위하여 금전이나 유가증권 기타 물건을 보관하는 계약
임의경매	근저당권등 담보권의 실행으로 진행되는 경매절차
재경매	최고가 매수신고인(차순위매수신고 인도 포함) 잔금 납부기일까지 잔금을 치르지 않는 경우에 이전 최저가로 다시 실시하는 경매
공매	국가기관이 국세징수법에 의하여 압류한 재산을 불특정 다시에 매수 희망자들의 자유경쟁을 통해 공개적으로 매각하는 제도
공유자우선매수권	최고가 매수신고인의 가격대로 낙찰자의 지위를 가져올수 있는 권리
당해세	경매나 공매의 목적이 되는 부동산 자체에 부과되는 국세 및 지방세와 가산금
선순위임차인	대항력 발생일이 말소기준권리보다 앞서는 임차인
소액임차인	임차보증금이 주택임대차보호법이 규정하는 소액 보증금 범위에 해당하는 임차인
압류	국가권력으로 특정한 재산이나 권리를 개인이 마음대로 처분하지 못하게 하는행위
우선변제권	주택임대차보호법상에 임차인이 보증금을 우선변제받을 수 있는 권리
최우선변제권	임차인이 거주하는 주택이 경매로 매각되는 경우 어떠한 담보물권을 봐도 최우선으로 배당을 받을 수 있는 권리
유찰	경매에 나온 물건에 입찰하는 사람이 없어 다음 회차로 넘어가는 것

MEMO

임장 현황 조사서

APT □ 빌라 □ 상가 □ 토지 □

사건번호 (물건번호)			입찰일	
물건지 주소				

공유자 수		감정가	원	구조/층	
전입 세대 열람	O □ X □	최저 입찰가	원	도시가스	도시가스 □ LPG □
농사유무		현재 공시지가	원	관리비 (체납)	무 □ 유 □ (원)
주차장	무 □ 지상 □ 지하 □	현 거주자	임차인 □ 소유자 □	면적	

시세 조사			
국토교통부		네이버	
KB시세		현장실사	전세 월세 매매

주변 조사			
버스노선		지하철	
마트/백화점/ 기타 편의시설 대형마트 □ 편 의 점 □ 백 화 점 □ 병 원 □		**초·중·고** 초등학교 □ 중 학 교 □ 고등학교 □	
기타 특이 사항 및 의견			
나의 한 줄 평			
임 장 일		**임 장 결 과**	

입찰 후 평가

낙찰 □ 패찰 □

사건번호		입찰가 (모의입찰가)	
1등 낙찰가		2등 낙찰가	

입찰가 산정 이유/낙찰 및 패찰 분석
나의 한 줄 평

3개월 뒤 등기 확인	필요/불필요	등기 확인 체크	유/무

MEMO

임장 현황 조사서

APT □ 빌라 □ 상가 □ 토지 □

사건번호 (물건번호)				입찰일	
물건지 주소					

공유자 수		감정가	원	구조/층	
전입 세대 열람	O □ X □	최저 입찰가	원	도시가스	도시가스 □ LPG □
농사유무		현재 공시지가	원	관리비 (체납)	무 □ 유 □ (　원)
주차장	무 □ 지상 □ 지하 □	현 거주자	임차인 □ 소유자 □	면적	

시세 조사

국토교통부		네이버	
KB시세		현장실사	전세 월세 매매

주변 조사			
버스노선		지하철	
마트/백화점/ 기타 편의시설 대형마트 □ 편 의 점 □ 백 화 점 □ 병　　원 □		**초·중·고** 초등학교 □ 중 학 교 □ 고등학교 □	
기타 특이 사항 및 의견			
나의 한 줄 평			
임 장 일		임 장 결 과	

입찰 후 평가

낙찰 □ 패찰 □

사건번호		입찰가 (모의입찰가)	
1등 낙찰가		2등 낙찰가	

입찰가 산정 이유/낙찰 및 패찰 분석

나의 한 줄 평

3개월 뒤 등기 확인	필요/불필요	등기 확인 체크	유/무

MEMO

임장 현황 조사서

APT □ 빌라 □ 상가 □ 토지 □

사건번호 (물건번호)				입찰일	

물건지 주소	

공유자 수		감정가	원	구조/층	
전입 세대 열람	O □ X □	최저 입찰가	원	도시가스	도시가스 □ LPG □
농사유무		현재 공시지가	원	관리비 (체납)	무 □ 유 □ (원)
주차장	무 □ 지상 □ 지하 □	현 거주자	임차인 □ 소유자 □	면적	

시세 조사

국토교통부		네이버	
KB시세		현장실사	전세 월세 매매

주변 조사			
버스노선		지하철	
마트/백화점/ 기타 편의시설 대형마트 □ 편 의 점 □ 백 화 점 □ 병 원 □		**초 · 중 · 고** 초등학교 □ 중 학 교 □ 고등학교 □	

기타 특이 사항 및 의견
나의 한 줄 평

임 장 일		임 장 결 과	

입찰 후 평가

낙찰 □   패찰 □

사건번호		입찰가 (모의입찰가)	
1등 낙찰가		2등 낙찰가	

입찰가 산정 이유/낙찰 및 패찰 분석
나의 한 줄 평

3개월 뒤 등기 확인	필요/불필요	등기 확인 체크	유/무

임장 현황 조사서

APT □ 빌라 □ 상가 □ 토지 □

사건번호 (물건번호)		입찰일	

물건지 주소	

공유자 수		감정가	원	구조/층	
전입 세대 열람	O □ X □	최저 입찰가	원	도시가스	도시가스 □ LPG □
농사유무		현재 공시지가	원	관리비 (체납)	무 □ 유 □ (원)
주차장	무 □ 지상 □ 지하 □	현 거주자	임차인 □ 소유자 □	면적	

시세 조사

국토교통부		네이버	
KB시세		현장실사	전세 월세 매매

주변 조사			
버스노선		지하철	
마트/백화점/ 기타 편의시설 대형마트 ☐ 편 의 점 ☐ 백 화 점 ☐ 병　　원 ☐		**초·중·고** 초등학교 ☐ 중 학 교 ☐ 고등학교 ☐	
기타 특이 사항 및 의견			
나의 한 줄 평			
임 장 일		임 장 결 과	

입찰 후 평가

낙찰 □ 패찰 □

사건번호		입찰가 (모의입찰가)	
1등 낙찰가		2등 낙찰가	

입찰가 산정 이유/낙찰 및 패찰 분석

나의 한 줄 평

3개월 뒤 등기 확인	필요/불필요	등기 확인 체크	유/무

MEMO

임장 현황 조사서

APT □ 빌라 □ 상가 □ 토지 □

사건번호 (물건번호)			입찰일	

물건지 주소	

공유자 수		감정가	원	구조/층	
전입 세대 열람	O □ X □	최저 입찰가	원	도시가스	도시가스 □ LPG □
농사유무		현재 공시지가	원	관리비 (체납)	무 □ 유 □ (원)
주차장	무 □ 지상 □ 지하 □	현 거주자	임차인 □ 소유자 □	면적	

시세 조사			
국토교통부		네이버	
KB시세		현장실사	전세 월세 매매

주변 조사			
버스노선		지하철	
마트/백화점/ 기타 편의시설 대형마트 □ 편 의 점 □ 백 화 점 □ 병　　원 □		**초 · 중 · 고** 초등학교 □ 중 학 교 □ 고등학교 □	
기타 특이 사항 및 의견			
나의 한 줄 평			
임 장 일		임 장 결 과	

입찰 후 평가

낙찰 □ 패찰 □

사건번호		입찰가 (모의입찰가)	
1등 낙찰가		2등 낙찰가	

입찰가 산정 이유/낙찰 및 패찰 분석

나의 한 줄 평

3개월 뒤 등기 확인	필요/불필요	등기 확인 체크	유/무

임장 현황 조사서

APT ☐ 빌라 ☐ 상가 ☐ 토지 ☐

사건번호 (물건번호)			입찰일	
물건지 주소				

공유자 수		감정가	원	구조/층	
전입 세대 열람	O ☐ X ☐	최저 입찰가	원	도시가스	도시가스 ☐ LPG　☐
농사유무		현재 공시지가	원	관리비 (체납)	무 ☐ 유 ☐ (　원)
주차장	무　☐ 지상 ☐ 지하 ☐	현 거주자	임차인 ☐ 소유자 ☐	면적	

시세 조사				
국토교통부		네이버		
KB시세		현장실사	전세 월세 매매	

주변 조사			
버스노선		지하철	
마트/백화점/ 기타 편의시설 대형마트 ☐ 편 의 점 ☐ 백 화 점 ☐ 병 원 ☐		**초 · 중 · 고** 초등학교 ☐ 중 학 교 ☐ 고등학교 ☐	

기타 특이 사항 및 의견
나의 한 줄 평

임 장 일		임 장 결 과	

입찰 후 평가

낙찰 ☐ 패찰 ☐

사건번호		입찰가 (모의입찰가)	
1등 낙찰가		2등 낙찰가	

입찰가 산정 이유/낙찰 및 패찰 분석

나의 한 줄 평

3개월 뒤 등기 확인	필요/불필요	등기 확인 체크	유/무

MEMO

임장 현황 조사서

APT □ 빌라 □ 상가 □ 토지 □

사건번호 (물건번호)		입찰일	

물건지 주소	

공유자 수		감정가	원	구조/층	
전입 세대 열람	O □ X □	최저 입찰가	원	도시가스	도시가스 □ LPG □
농사유무		현재 공시지가	원	관리비 (체납)	무 □ 유 □ (원)
주차장	무 □ 지상 □ 지하 □	현 거주자	임차인 □ 소유자 □	면적	

시세 조사			
국토교통부		네이버	
KB시세		현장실사	전세 월세 매매

주변 조사			
버스노선		지하철	
마트/백화점/ 기타 편의시설 대형마트 □ 편 의 점 □ 백 화 점 □ 병 원 □		**초·중·고** 초등학교 □ 중 학 교 □ 고등학교 □	

기타 특이 사항 및 의견
나의 한 줄 평

임 장 일		임 장 결 과	

입찰 후 평가

낙찰 □ 패찰 □

사건번호		입찰가 (모의입찰가)	
1등 낙찰가		2등 낙찰가	

입찰가 산정 이유/낙찰 및 패찰 분석

나의 한 줄 평

3개월 뒤 등기 확인	필요/불필요	등기 확인 체크	유/무

MEMO

임장 현황 조사서

APT □ 빌라 □ 상가 □ 토지 □

사건번호 (물건번호)			입찰일	
물건지 주소				

공유자 수		감정가	원	구조/층	
전입 세대 열람	O □ X □	최저 입찰가	원	도시가스	도시가스 □ LPG □
농사유무		현재 공시지가	원	관리비 (체납)	무 □ 유 □ (원)
주차장	무 □ 지상 □ 지하 □	현 거주자	임차인 □ 소유자 □	면적	

시세 조사			

국토교통부		네이버	
KB시세		현장실사	전세 월세 매매

주변 조사			
버스노선		지하철	
마트/백화점/ **기타 편의시설** 대형마트 ☐ 편 의 점 ☐ 백 화 점 ☐ 병 원 ☐		**초 · 중 · 고** 초등학교 ☐ 중 학 교 ☐ 고등학교 ☐	
기타 특이 사항 및 의견			
나의 한 줄 평			
임 장 일		임 장 결 과	

입찰 후 평가

낙찰 □ 패찰 □

사건번호		입찰가 (모의입찰가)	
1등 낙찰가		2등 낙찰가	

입찰가 산정 이유/낙찰 및 패찰 분석

나의 한 줄 평

3개월 뒤 등기 확인	필요/불필요	등기 확인 체크	유/무

MEMO

임장 현황 조사서

APT □ 빌라 □ 상가 □ 토지 □

사건번호 (물건번호)				입찰일	
물건지 주소					
공유자 수		감정가	원	구조/층	
전입 세대 열람	O □ X □	최저 입찰가	원	도시가스	도시가스 □ LPG □
농사유무		현재 공시지가	원	관리비 (체납)	무 □ 유 □ (원)
주차장	무 □ 지상 □ 지하 □	현 거주자	임차인 □ 소유자 □	면적	

시세 조사		
국토교통부		네이버	
KB시세		현장실사	전세 월세 매매

주변 조사			
버스노선		지하철	
마트/백화점/ **기타 편의시설** 대형마트 □ 편 의 점 □ 백 화 점 □ 병　　원 □		**초·중·고** 초등학교 □ 중 학 교 □ 고등학교 □	

기타 특이 사항 및 의견

나의 한 줄 평

임 장 일		임 장 결 과	

입찰 후 평가

낙찰 □ 패찰 □

사건번호		입찰가 (모의입찰가)	
1등 낙찰가		2등 낙찰가	

입찰가 산정 이유/낙찰 및 패찰 분석

나의 한 줄 평

3개월 뒤 등기 확인	필요/불필요	등기 확인 체크	유/무

MEMO

임장 현황 조사서

APT □ 빌라 □ 상가 □ 토지 □

사건번호 (물건번호)				입찰일	
물건지 주소					

공유자 수		감정가		원	구조/층	
전입 세대 열람	O □ X □	최저 입찰가		원	도시가스	도시가스 □ LPG □
농사유무		현재 공시지가		원	관리비 (체납)	무 □ 유 □ (원)
주차장	무 □ 지상 □ 지하 □	현 거주자	임차인 □ 소유자 □		면적	

시세 조사			
국토교통부		네이버	
KB시세		현장실사	전세 월세 매매

주변 조사			
버스노선		지하철	
마트/백화점/ 기타 편의시설 대형마트 ☐ 편 의 점 ☐ 백 화 점 ☐ 병　　원 ☐		**초·중·고** 초등학교 ☐ 중 학 교 ☐ 고등학교 ☐	
기타 특이 사항 및 의견			
나의 한 줄 평			
임 장 일		**임 장 결 과**	

입찰 후 평가

낙찰 □ 패찰 □

사건번호		입찰가 (모의입찰가)	
1등 낙찰가		2등 낙찰가	

입찰가 산정 이유/낙찰 및 패찰 분석

나의 한 줄 평

3개월 뒤 등기 확인	필요/불필요	등기 확인 체크	유/무

MEMO

MEMO

하루 10분, 수진쌤의

왕초보
부동산 노트

ⓒ 이수진, 김미리, 2026

초판 1쇄 발행 2026년 4월 1일

지은이   이수진, 김미리
펴낸이   이기봉
편집   좋은땅 편집팀
펴낸곳   도서출판 좋은땅
주소   서울특별시 마포구 양화로12길 26 지월드빌딩 (서교동 395-7)
전화   02)374-8616~7
팩스   02)374-8614
이메일   gworldbook@naver.com
홈페이지   www.g-world.co.kr

ISBN   979-11-388-5660-7 (13320)